寫在漢學邊上

Reflections at the Margins of Sinology

陳毓賢 著

by   Susan Chan Egan

壹嘉出版

寫在漢學邊上

作　　者／陳毓賢

出 品 人／劉　雁

裝幀設計／壹嘉出版（美國）

出　　版／壹嘉出版（美國）
　　　　　網址：http://www.1plusbooks.com

印製銷售／秀威資訊科技股份有限公司
　　　　　114 台北市內湖區瑞光路 76 巷 69 號 2 樓
　　　　　電話：+886-2-2796-3638
　　　　　傳真：+886-2-2796-1377

網路訂購／秀威書店：http:/store.showwe.tw
　　　　　博客來網路書店：http://www.books.com.tw
　　　　　三民網路書店：http://www.m.sanmin.com.tw
　　　　　讀冊生活：http://www.taaze.tw

出版日期／2016 年 10 月
ＰＯＤ版／2021 年 7 月 一版
ＩＳＢＮ／978-0-9972770-9-8
定　　價／NT 450 元

作者簡介

　　陳毓賢，祖籍廣東中山，生長于菲律賓馬尼拉。曾就讀台灣師範大學，獲華盛頓大學比較文學碩士，波士頓大學工商管理碩士，從事金融業多年。退休后以寫作自娛，記錄二十世紀人物，在美國及中國兩岸三地報刊發表。曾著《洪業傳》（哈佛大學出版社，1988；聯經出版，台北，1992；北京大學出版社，1996；商務印書館，北京，2013）；與周質平合作用英文介紹胡適和韋蓮司半世紀友誼和戀情的《*A Pragmatist and His Free Spirit: The Half-Century Romance of Hu Shi and Edith Clifford Williams*》（香港中文大學出版社，2009），與白睿文合作英譯王安憶的長篇小說《長恨歌》，並與白先勇合撰英文版《石頭記逐回伴讀》（*A Companion to the Story of the Stone -- A Chapter by Chapter Guide*, Columbia University Press）。

A collection of essays about pioneering Sinologists, written by someone with personal knowledge of their quirks and foibles, and their valiant efforts to bring East and West together. These essays, previously published in scholarly journals as well as the Chinese popular press, reflect on the lives and scholarship of Hu Shi, William Hung, Francis Cleaves, Achilles Fang, Y. R Chao and his daughter Rulan Chao Pian, Patrick Hanan, L. Carrington Goodrich, Paul Serruys, Isabella Yen, Michael Lindsay, and women teaching at Yenching University in the 1930s. Full of vividly told anecdotes, *Reflections at the Margins of Sinology* should be a fun read to anyone interested in East-West relations and the history of Chinese studies in the United States.

Susan Chan Egan is the author of the widely acclaimed *A Latterday Confucian* (Harvard, 1987) and its Chinese versions *Hong Ye Zhuan* (Lianjing 1993; Beijing University Press, 1995; The Commercial Press, 2013). Born in Manila but now based in California, she also co-authored *A Pragmatist and His Free Spirit* (Chinese University Press, 2009), *The Song of Everlasting Sorrow* (a translation of Wang Anyi's *Changhenge*, Columbia, 2008), and *A Companion to the Story of the Stone -- A Chapter by Chapter Guide*, Columbia University Press, 2021).

目 錄

前　言

　　這集子裡的文章是我這十年閑來無事，即興而作或受朋友激發而成的。所談的大多是我有幸親炙，或認識的人親炙，曾在學界舉足輕重的人物。我們以二十一世紀的目光回顧他們的生活點滴，或許可對學術史的演變提供些另類線索。

　　回想朗諾和我談及婚嫁時，同意兩人最珍惜的就是能夠悠閑地看書、思想；然而我要提早退休，朗諾卻反對："你整天在家無所事事，只會越吃越胖，就怕你管起我來了！"說實話我也不知要做什麼，只感到這些年總是在拼命，除正經事外，還有做不完的瑣事，每天長長的單子，做完一項打個勾，第二天又湧現另一堆瑣事。加上我辦公室離家一百多哩外，每周有一兩個晚上在租下的公寓過夜，有時還出差，早晨醒來都不知身在何處。我們經濟已經穩定，有些儲蓄，何苦來呢？

我起初彷徨得很，終日看閑書冥想究竟不是辦法。有個聞名的生物實驗：把猴子分兩批，一批在籠子裡無所事事，醒了就吃，累了就睡；另一批放了些蚤子到他們身上，讓他們搔癢。結果搔癢的猴子比無所事事的猴子健康得多！我大學讀的是文學，技癢便搔：因退休前的專業涉及分析零售業，就寫些"牛仔褲零售趨勢"之類的文章，在《台灣紡織》和各種英文商業刊物上發表。

　　朗諾2001—2002學年到香港城市大學訪問，我在香港遇見些人居然記得我曾替洪業作傳的，令我非常鼓舞。普林斯頓大學周質平教授的《胡適與韋蓮司：深情五十年》出版後，北大出版社的張弘泓知道我會有興趣，送了一本給我。有個聚餐我和恰巧也在城大訪問的周質平毗鄰而坐，他也看過《洪業傳》原版，沒想到作者就是我；他便提議我們合作用英文撰寫這影響胡適極大的友誼和戀情，於是我兜了個大圈又回到學術界邊緣。

　　我未曾見過胡適，然而感覺上已認識他大半輩子。我在馬尼拉上華人中學時，胡適的《差不多先生傳》和《不朽》是必讀的。我的中文老師大多從廈門大學畢業，戰後流落到菲律賓，承襲了五四傳統，論及胡適時敬慕之心溢於言表。我1965年到台灣念書時，胡適已去世數年，但他的名字仍常挂在人嘴邊，仍不斷在報章上出現，猶如他仍活著，隨時會跳出來和我們爭辯。我在台灣的"乾爹"是北京大學哲學系畢業的，以胡適的傳人自居，除教書外還和朋友辦《自由報》；胡適不但是洪業的朋友，還是朗諾和我的"媒人"——嚴倚雲和高叔哿——的媒人。這差事不能不接，何況我正閑著呢。

集子裡首篇"懷念嚴倚雲與高叔哿"是我多年第一篇非功利性的文章，只想爲這對不平凡的夫婦留點文字記錄。高叔哿的父親高夢旦是胡適最尊重的人之一。我動手搜集韋蓮司的資料時，才發現嚴倚雲和韋蓮司很熟。趙元任日記裡記載：他和楊步偉 1955 年重訪康奈爾大學時，住在韋蓮司家，數次和嚴倚雲共餐。韋蓮司 1958 年 1 月寫信給胡適說嚴倚雲待己太苛了；這信很可能提醒胡適催促高叔哿和嚴倚雲通信。他們該年8月向朋友發的結婚宣告說胡適勸他們通信後，兩人"還沒有見面就已經心許"。可惜周質平和我寫胡適情史時嚴倚雲早已去世，不然書上對韋蓮司必定有更精彩的描述。

書寫好了手上仍有不少"剩余資料"，因得來不易不忍丟棄，便在台北的《聯合報》和《傳記文學》以及海峽兩岸合辦的《胡適研究叢刊》發表。2009 年春《上海書評》的盛韻女士采訪了朗諾，談他爲什麼選譯《管錐編》，聽說錢鍾書給他寫了兩封信，向他要，朗諾叫我把信譯成中文，盛韻發表時注明是我譯的，並邀我寫稿。我本來不知道國內有這麼有趣的刊物，每期都登載些有份量或清新可喜的文章，從此和《上海書評》結了緣。

我在《上海書評》發表了首篇文章後，《戰爭與革命中的西南聯大》的中譯者饒佳榮寫了評語惋惜《洪業傳》買不到了，不久竟通過朗諾一位學生和我聯絡，自告奮勇要替我找出版社重印。我說不必了，網上已有電子版可下載，重印恐怕賠錢，我最怕出版社賠錢；沒想到他很堅持，幾經波折，《洪業傳》終於2013年得以再版，更可喜的是商務印書館的責任編輯孫禕萌特別用心，替我改了許多錯誤，她的頂頭上司劉雁女士又放手讓她做，把原初1995年簡體字版刪節了的段落全復原了，書不但銷得好，並且被評爲"2013年中國好書"之一，這全拜《上海書評》之賜！

記憶匣子打開了，我接二連三寫了些和洪業有關的文章：他唯一的學術專著《杜甫：中國最偉大的詩人》一甲子後被曾祥波譯爲中文，我寫了書評；繼而寫洪業的摯友蒙古學家柯立夫，連帶談到方志彤。去年春我以《洪業傳》作者身份被邀參加北大的"燕京大學與現代中國博雅教育傳統"研討會，恰好朗諾該星期也在北大講演。我們回加州後向戴梅可教授提起，她說燕大女部主任桑美德是她的故友，出示珍藏多年的燕大資料，我又動筆談論燕園裡的外籍教師。

怕乘長途飛機的我，這次到久違的中國有許多額外的收獲。在北京和孫祎萌相見，到了上海不但見到盛韻和饒佳榮，還見到久仰的陸灝先生，想不到都那麼年輕。韓南教授剛去世，我們遵陸先生之命撰文悼念他。另一個收獲是透過盛韻結識了高峰楓、高山杉兄弟和周運。他們對方志彤素有興趣，看了我的文章邀我出集子，加入六合叢書的行列！而方志彤最初引起高峰楓興趣，竟是因他在北大圖書館用了許多方志彤捐贈的外文書，而這些書是朗諾替老師運到北京的！

此文集最後一篇是饒佳榮出的題目，他現在就職於《東方早報》新媒體《澎湃》，約我寫一篇談些對我影響最大的書。題目出得好，我把此文當壓軸。

書名本來擬爲"局外人隨筆"，因我是學術界的局外人；旁觀者不一定對局內看得比較清楚，通常是較模糊，但視角肯定不同；而且另有個好處，就是不必遵守局內的潛規矩。不意我回首一覽這十年來寫的東西，發現所寫的盡是早年跨文化、跨國界、跨學科的學人，驀然感悟到那些學人即將從我們"共有的鮮活記憶"(living memory) 中消失了，或許我直覺須趁頭腦仍清楚趕忙寫下來。希望至少令同有歷史癖的讀者們獲得某種搔到癢處的快感！

陳毓賢

2015 年 4 月於美國加州灣區

海外版新序

　　此文集本來是爲六合叢書預備的，完稿后朗諾與我在臺北住了數月，因他應台灣大學白先勇文學講座之邀在臺大開課，我們因此結交不少新朋友，沒想到其中有些是我的老讀者。他們知悉我將在大陸出文集，異口同聲地說大陸的書在海外不容易買到，希望有海外版。劉雁女士新組辦出版社，用數碼印刷技術出書，非常環保，并有完備的發行渠道：她在北京的商務印書館任職時，領銜重版我多年前歷由哈佛大學、台北聯經以及北京大學出版的《洪業傳》，這次竟登上包括中央電視臺在內的多種"2013年好書"榜。我欽佩劉女士的能力與膽識，獲得六合叢書的同意後，把文集交托壹嘉出海外版，也祝她今後一帆風順，嘉惠海外書迷！

2016年七月於台北溫州街十六巷

懷念嚴倚雲與高叔哿

高叔哿和嚴倚云 1958年在美國發給朋友的結婚宣告是用英文這麼寫的：

"我倆經歷多年對不可能的事和不太可能的事枉然的追求，終於在胡適先生的耐心勸導下互相通信。兩人深信就是做朋友也必須誠實和公平，而一個家庭的幸福尤其依賴互相能夠容忍彼此的弱點，不是靠青春、美貌或財富，一開始便以此爲前提，卻發現兩人的人生哲學、思想、興趣和日常習慣都非常相似，連弱點也像孿生的，逐漸互相愛慕，還沒有見面就已經心許，自覺是天造地設的一對，年齡和外表似乎都不關緊要。於是分隔在美洲東西岸的兩人決定結婚，1958年八月一日在賓州匹茲堡完成結婚儀式，現正蜜月旅行到西岸洛杉磯，希望就在加州落戶。

　　因兩人多年已經收集過多的冗物，懇請親友不要送婚禮。如果您一定要表達心意，可捐獻到下列的機構……"

宣告上列出的機構包括美國一個中國人辦的慈善團體，台灣北投一所孤兒院，和香港新亞書院。短短的一張結婚宣告，表露了高先生和嚴先生爲人的嚴謹，和對世俗成規近乎滑稽的不妥協，也反映了他們浪漫豪放的一面。

　　高叔哿和嚴倚雲同生於 1912 年，高叔哿的父親高夢旦多年在上海負責商務印書館編譯所，是胡適的老朋友；嚴倚雲是嚴復的孫女，1934年胡適主持北大第一屆新生考試時，嚴倚雲是考取的六個女生之一。那年頭在美國得博士的中國人不多，作長輩的胡適見這兩個福州望族的後人，四十多歲的博士，都那麼可愛，一個未娶一個未嫁，替他們焦急，堅持要他們通信，成了月下老人。

　　算起來我第一次見嚴先生的時候她結婚已經十年多。我1965年從菲律賓到台灣念書，在師範大學國文系上了兩年課，知道第三年級要修聲韻學望而生畏，輟了學，先是在台北美國學校教書，後來在當時的聯合國經濟發展部台北辦事處做事，准備到美國去。因常替在師範大學教哲學的張起鈞教授翻譯文章，被他半正式地收爲"**乾**女兒"，嚴先生到了台灣張教授請她吃飯，介紹我認識她，並慫恿我申請西雅圖的華盛頓大學中文系，以便得跟他在北京大學作過前後同學的"大姐"照拂。

我當時無心申請華大，更不想繼續念中文，一心要讀比較文學，但覺得這位穿深色旗袍的女士看上去挺舒服，略顯黝黑的皮膚，身材矮小卻不失其雍容，開朗甜蜜的臉蛋上，眼睛慣性地笑咪著，只可惜有點駝背，後來知道是小時候從樓梯滾下來造成的。令人驚喜的是，五十多歲的人，聲音卻嬌嫩得像十來歲孩子的樣，講話總帶點調侃意味，時而笑聲如鈴。

該年秋天，我從美國其他大學獲得獎學金的希望落了空，只好帶著七分狂妄、三分彷徨上了華大。到西雅圖幾天後到嚴先生辦公室找她，她說我語音不純正，不夠資格做漢語助教，但因爲我會打字可能有別的事給我做，又約我跟她回家吃晚飯。

嚴先生開著專爲她調整座位的汽車， 把我載到離校一哩外的家門口，是棟漆蛋黃色，屋頂傾斜的美國傳統木造兩層樓房。拾著磚砌小徑踏上幾級台階，就看到一塊小木牌，上面用中文寫著"高嚴寓"。這房子從外面看上去不大，但裡面相當寬敞。一進門關，迎面是上樓的樓梯，左側是個設有壁爐的客廳，沙發上橫七豎八地擺著幾個錦繡椅墊，還躺著一只胖花貓；右側是飯廳，差不多被一張坐得下二十人的特大號圓桌填滿了。飯廳外面是裝了鐵紗的陽台，暫做貯藏室用，還放了個冰箱。陽台外就是主人種植雪豆、蕃茄、韭菜和各種花草的園子。客飯廳後分別是書房和廚房，中間夾著廁所。書房門常閉，我後來有機會進去，發現裡面堆滿了嚴先生大大小小沒做完也做不完的學術工程。

一進廚房就知道此家主人極講究烹飪，除了大號冰箱和餐館用的"工業級"爐灶外，四面上下都是特制的櫃廚，裝滿了瓶瓶罐罐及各種烹飪用具，窗台上還擺了幾瓶自己腌的鹹蛋和泡菜。廚房正中間放著張平常吃飯用的桌子。嚴先生交待我洗菜，自己戴上日式圍裙，不到半小時，一邊跟我聊天，一邊劈哩啪啦做出了四、五個精美的菜肴。餐具擺好後，她走到通到地下室的樓梯口叫一聲："老爺，吃飯了！"原來嚴先生愛開玩笑，總稱高先生為"老爺"。高先生叫她倚雲，或只叫"雲"。

高先生平時寡言少語，開始我有點怕他，但不久便發現他極富幽默感，而且有副大慈大悲的心腸。他們祖籍雖然同是福州，但嚴先生在北京長大，一口京片子；高先生從小住在上海，講話略帶上海口音。高先生剛中帶柔，嚴先生柔中有剛，兩人襟懷坦蕩，毫無矯飾。我們什麼話都可以跟他們談。

我那兩年雖食宿在校園外的姐妹社，但常到高嚴寓打牙祭。年假、春假也多在他們家渡過。他們的家住客之多，如過江之鯽，絡繹不絕。有像我這樣假期無家可歸的，有從外地來還沒找到住處的，有像趙鍾蓀先生那樣美、加兩地往來、在西雅圖時寄住的，人來人往，熱鬧非常。而且高先生嚴先生好與人同樂，三日一小宴，五日一大宴，中國人、美國人濟濟一堂，像個俱樂部兼難民營。

嚴先生在系裡除主持漢語教學負責所有的講師和助教外，還參與各種校政活動，又是中國同學會的指導教授。許多校外的華僑團體及西雅圖本地的機構包括圖書館療養院都爭取她的支持，所以她整天不是有人要接送，就是有事要接洽，忙得不可開交，高先生義不容辭地幫她忙，而且樂此不疲。從台灣、香港或東南亞新來的學生，不諳美國國情，不了解學校的規章制度，兩位先生就不厭其煩地為他們解釋指點。遇上有人經濟困難，他們就盡可能替他們想辦法，或介紹臨時工作，或幫他們找個同學分擔房租，或申請獎學補助金，甚至傾囊相助。學生有了差錯，他們則直言不諱。嚴先生常說我手比大腦快，又說我嘴快，不好好地聆聽思考便讓自己的想法脫口而出，我聽得多了也知道收斂一點。

我到了高嚴寓就像到了自己家中一樣。我做菜不行所以在廚房幫不了嚴先生的忙；吃完飯也不能洗洗碗，因高先生洗碗有自己一套制度，從不讓別人插手。有幾次我早上睡到近中午才起來，高先生見我終於下樓來，笑著大叫：“哎喲，princess下來了！"責備中帶著溫馨。飯後沒有客人的話，嚴先生倒肯讓我替她按摩、捶背、捏骨頭，我仿佛回到了自己祖母的身邊，祇是嚴先生的世界比我自己祖母的世界大多了，她所關心的事情也遠非我祖母所能想像的。

高先生退休了的哥哥嫂嫂就住他們附近，我常跟著他們去串門子，也跟他們喊"哥哥"、"嫂嫂"。哥哥嫂嫂的上海口音濃得化不開，溫文爾雅，性情跟高、嚴先生完全不一樣。高、嚴先生家裡平常很淩亂，嚴先生有句話說："請中國人吃飯，大半天忙做菜；請外國人，大半天忙收拾。"哥哥嫂嫂家裡平日都一塵不染，一屋子的雅致紅木家具擺設在潔白的地毯上。

也許因為高、嚴先生都出自名門世家，卻經歷抗日戰爭在後方流亡的生活，又飽嘗早期留學生的艱辛，對很多事都看得很透，對名利特別淡薄。高先生是個核子物理博士，他性情耿直，因而教書生涯不得意。聽說有一個時期在華州某一家大學教物理，把全班學生成績打不及格，校方質問他，他說學生程度就是不及格嘛，職位便丟了。嚴先生在華大雖身負重任，但當時美國種族和性別歧視還相當嚴重，做事也常受委屈。我有時想，以嚴先生的才具，換一個國家，換一個時代，做大學校長應該綽綽有余。以高先生思路清晰的科學頭腦，若有機會在條件優厚的實驗室工作，對人類社會必定有重大的貢獻。但跟著又想，如果嚴先生在中國早出生二三十年，禮教森嚴的社會一定會埋沒了她；要是高先生晚生個二三十年，在中國大陸肯定打成"黑五類"，以他剛直的性格必被折磨死。這樣一想也就釋然了。

不知道高、嚴兩位先生是否有過我這樣的奇思亂想，但他們對人際遇的態度是很鮮明的。有一次我對高先生講起我在台北聯合國辦事處做事時和同事飯余談《紅樓夢》，感歎說"以前的女孩子好苦啊，你看那些丫頭個個多可憐！"有個女同事斬釘截鐵地應道："我們這些人如果生在那個時代，自然會是小姐。"高先生聽了大叫荒唐說："中國自古以來多的是貧窮百姓，怎麼能一口咬定自己不會當丫頭、小媳婦，而一定會做小姐呢？這種心理真要不得！怪不得這些人不能推己及人，對窮人完全沒有同情心！"高、嚴先生真正視名利爲身外之物，雖不以"無階級主義"自許，卻是它的真正忠實信徒。

他們兩人對中國人格外親切，但對白人、黑人也一視同仁，從沒有憎恨仇視白人、畏懼厭惡黑人的心態，尊重每個人的人格。他們能跟高官顯貴娓娓相談，也能與隔壁的木匠閑話家常；他們最看不起崇尚名牌，講究排場的人，特別贊賞出身低微而肯讀書上進的學生，常得意地向我介紹，某某人家裡是台灣貧窮農家，卻非常能幹；某某人身兼幾份餐館、旅店的打雜工作，現在得博士了。

那幾年西雅圖經濟蕭條房價偏低，他們買了好幾棟房子，告訴我說退休就靠這些了。他們把這些房子按很合理的租金租出去。有一天嚴先生回家說，一個房客丈夫突然出走了，妻子帶著小孩搬走追了去。我說："哎喲，那你的房租還收到嗎？" 嚴先生瞪著眼睛責問我說："人家那麼不幸，你怎麼還能問這種問題呢？"

　　我在華大上課不久，結識了一位來自康乃狄克州的男生。他本來在加州大學聖塔巴巴拉分校念英美文學，出於好奇選了白先勇的中文課，結果迷上了中國文學。白先勇替他取了個中文名字叫艾朗諾，暑假還帶了他到台灣住了兩個月。那時聖塔巴巴拉開的中文課不多，他都選過了，四年級便轉到華大，上中國文學史和我同班，我們在一起談得很投機。他沒上過嚴先生的課，但嚴先生知道他這個學生，也常請他來吃飯。後來朗諾因為開了烤箱只焙一顆馬鈴薯，給小氣的房東趕了出來，便被收容入高嚴寓。(那七十多歲的老頭子也可憐，除房子外，就守著銀行裡的數千塊錢過日子，孤零零一個人，總是怕人家騙他害他。)高先生年輕時有氣喘病，醫生教他爬山鍛煉肺部，他成了登山高手，華州的高山他都征服過；朗諾搬進他們家後，他便常帶我們去爬山，還到海邊挖長頸蛤；有時吃過晚飯後，高、嚴先生就借故出去，說："讓他們兩個親熱一下。"

　　暑假要到了，朗諾准備回聖塔巴巴拉主持一個教駛帆船的暑期學校，邀我跟他去。我猶豫得很，跟嚴先生商量，沒想到嚴先生高興地說："去嘛！去嘛！"

高、嚴先生撮合的中美婚姻不少，不知他們是否從優生學的角度考慮的。記得有一次嚴先生和我在街上走，看到一個很可愛的混血小孩，嚴先生笑咪咪地對我說："蘇姍，你幸運的話，以後能有一個這樣的娃娃。"

朗諾和我翌年行婚禮時，高、嚴先生熱情地招待朗諾從美國東部來的家人和我從菲律賓來的家人。他們兩位多年照顧幫助了無數與他們非親非故的學生，朗諾和我只是其中的兩個而已。

以後朗諾到哈佛上研究院、教書，我們很不捨得他們兩老，常寫信報告我們的生活情況，也偶而打電話去問候他們。1976年我和一個剛離婚的美國女朋友到華州玩，她心情非常不好，但到了高嚴寓，就馬上開朗了。

1985年，高、嚴先生去東部玩，路經維蒙州看秋葉，沒想到旅館客滿；他們向巡警探問可留宿的地方，巡警看他們衣著不起眼，竟提議他們到救世軍貧民收留所去借宿。到了波士頓住在我們家中，那時我們的女兒五歲，我們教她叫"高爺爺，高奶奶"，她跟他們親熱得不得了。高、嚴先生兩位真是童心未泯，凡孩子、小動物都喜歡。

1990年秋，我們已經繞了個大圈又回到加州圣塔巴巴拉，朗諾和他的啟蒙老師白先勇成了同事。我們帶了女兒到西雅圖看高、嚴先生，跟他們歡聚幾天。嚴先生蒼老多了，頭髮斑白，體力大不如前，聲音卻不改往日的嬌嫩。高先生倒是沒有變。那時他們已經把兩棟房子賣了，得四十七萬美元捐獻了給華大，作"嚴氏獎學金"，紀念嚴先生小時候疼愛她鼓勵她念書的祖父嚴復。高先生自上海來的侄兒美生（他的父親是外交官，他在美國出生的）和侄媳月娥跟他們住在一起。

第二年春，他們兩位本來說要南下加州一趟，到處看看親友，我秋天見還沒有消息，便打電話去，嚴先生的聲音非常微弱，我知悉她病魔纏身，很是擔憂。不久朗諾接到高先生的電話，失聲哭泣地告訴他，嚴先生過去了，當天已出了殯。

嚴先生過去後我們請高先生到加州玩，翌年 9 月他果然遠道坐火車來了，還到舊金山看侄甥。我們一相聚便又無拘無束，哄鬧如以往，但他提起倚雲便泣不成聲。我問嚴先生最後辛不辛苦呢，他說不怎樣辛苦。他說他和侄兒侄媳婦決定把她從醫院帶回家，醫生問他們怎能照料她，高先生說我們三個人。在報紙廣告欄找到一張醫院用床，才一百六十元已經送到家去。於是高先生日夜帶嚴先生如廁，替她洗澡，還弄了個鬧鍾以便定時醒來照顧她。醫生說要找個親戚替嚴先生打針，因為如果不是家人怕會打官司，高先生想起"貓醫生"，醫生問"貓醫生"和嚴先生是什麼親屬關系，這白人"貓醫生"說嚴先生就像她的誼母一樣，原來她念獸醫時沒錢高夫婦就借錢給她。結果最後嚴先生還是得回到醫院去。發現嚴先生去世的是"貓醫生"，月娥內疚得很，因為她雖在房間裡，卻沒發覺嚴先生已經斷了氣。

回想到我們在西雅圖那段時期，他們兩口子偶而發生摩擦，高先生就幾天賭氣不跟嚴先生講話，晚上也不上樓，在地下室睡覺，每次都是嚴先生委屈求全。沒想到高先生愛嚴先生那麼深、那麼篤！

高先生又告訴我們，遺囑已經立好了，將來自己住的房子還是捐給華大，但有一間房子給美生和月娥收租，將來也給華大。

他又說離他們家不遠有塊地可種菜。高先生旅行時，月娥便替他料理，又說月娥菜燒得很好，又喜歡做菜，嚴先生把高先生喜歡的菜都教月娥做了。

高先生很喜歡聖塔巴巴拉，也喜歡我們地中海式的房子，拍了很多照片留了一份給我們，但回去後又寄了一份來。過了年4月高先生又來了，這次興奮地帶了一大條西雅圖出產的鮭魚，做好了冰凍起來，要到東岸賓州匹茲堡參加同學會。可是他竟忘記了半年前剛來過。我說："你不記得呀？"他很難為情。我心底一抽：嚴先生說過高先生有老人癡呆症的遺傳，難道不幸言中？嚴先生有心理准備要照顧高先生終老，而她卻先去了！

高先生說還要帶美生月娥來加州看我們，但就沒有下文。我們打了幾次電話去，都是美生聽，說高先生不方便接電話。我們寄了聖誕卡去，美生回了卡片來說叔叔記憶力不好，但偶而記起我們會說得很高興，後來又說叔叔身體還好，但認不得人了。

1998年7月，我到西雅圖參加一個會議，趁機會拜訪高先生，一方面真想他，一方面就不相信他真會認不得我。我為了不想驚動高家晚間才去，進高嚴寓發現美生的子女孫兒周末都來了，還在飯廳吃飯，一屋子鬧哄哄地一如往日，高先生跟他們一起進餐，頭髮完全白了，身體躬著，我跟他說話他似乎沒聽到。吃完飯美生把高先生扶到客廳，我坐在他旁邊握著他的手嘗試與他談天，但他始終沒意識我是什麼人，講到加州坐火車他才提起同車有個人怎麼樣。我不忍久坐告辭了，美生堅持他和高先生要把我送到大街口，說高先生吃完飯應該到外面走走。高先生扶著不鏽鋼扶架，一步一步地往前挪，美生全神貫注看著他，路上有樹枝或澆水的橡皮管便趨前先替他移開，免得他摔跤。我們到了大街口，我說我等車，你們快回去吧。目送他們一步一步拐了彎，在街角消失了，我才截了輪計程車回旅館。

看了高先生，知悉他得到侄兒侄媳婦那麼好的照顧，而且喜歡熱鬧的他晚年不會孤獨，覺得非常欣慰。但看到他記憶差不多全廢了，傷心之餘感到一種莫名的不平。

高先生次年也去世了。我們朝夕相處一共才兩年且已經是三十多年前的事，但他們的音容常常浮現在我心頭；泡茶的時候，總想到高先生教我買茶葉不要買最便宜的，太差，也不要買最貴的，**划**不來，買比最便宜的高兩級的往往最合算。泡冬菇的時候，就想起嚴先生說傻媳婦的笑話：婆婆叫她爛冬菇：她就說"冬菇，冬菇，你先走！"有時想到甜滋滋的，有時淒然淚下。

我們在西雅圖那兩年，清華學堂首任教務長胡敦複先生和他的夫人還在，都八十多歲了，不能開車，高、嚴先生就替他們購物、掃雪，載他們去看醫生。我那時常常想，高、嚴先生老了，我們能就近照料他們就好。可惜人生不是一場自編自導的戲，我們往往覺得自己只不過是念台詞的演員，事與願違，他們先後去世，我們連追思會都沒趕上。

他們去波士頓玩時，聽說我請歷史家洪業口述往事，錄了音整理成傳記就快出版，就笑說我雖然是個老廣但和福州人特別有緣，高先生說嚴先生有趣的往事多得很，也可以錄音整理成傳記，我當時事業家庭已經兼顧不來沒有做；幸而嚴先生逝世後第二年，她的北大同班同學何愷青收集了各方親友紀念嚴先生的文章，出了本《嚴倚雲教授紀念文集》，1999 年 3 月 33 日美洲版的《世界日報》副刊也登載了賀家寶一篇文章，題爲"嚴氏祖孫同爲中西文化搭橋——記嚴復和他的孫女嚴倚雲"，替嚴先生這奇女子留點文字記錄。高先生則是不折不扣的奇男子一個，嚴先生一出場，高先生就甘願退居扮演配角。

記得我替洪業錄音作傳時，有一個秋天踏著大樹下行人道上破碎的秋日陽光到他家去，他一開門我劈頭便衝口傻兮兮地問他："洪先生，您說死亡是怎麼一回事呢？"八十多歲的他先愣了一下，思索了一回，才慢慢回答我說："死亡自然是身體的腐朽，但不管人是否有靈魂，一個人的影響不會隨他而消逝的，這就是一種不朽。"我那時候沒醒悟洪先生引了胡適的話。高先生、嚴先生有很多方面不朽，深受他們影響的人分布世界各地，做人大概至多就是這樣了。

（此文經略刪節曾刊於香港《明報月刊》2005 年 1 月號，題為"嚴復孫女嚴倚云的美滿婚姻"）

高叔哿与嚴倚雲 1958年結婚照

嚴倚雲晚年
手抱祖父嚴複遺照

胡適的白話詩與美國前衛藝術

　　胡適分散各地的日記和書信陸續面世，不但給研究中國文化史、思想史、學術史和政治史的學者提供了極大的方便，還吸引了不少普通讀者。他一生鼓吹婚姻自由，甚至說服徐志摩的父親讓兒子娶離了婚的陸小曼，自己卻和奉母命結婚的江冬秀白首偕老，自詡是"怕太太協會"會長。大家對他的感情世界一向很感興趣，想了解他在理想和現實間作了怎樣的妥協。

　　胡適 1962 年逝世時，蔣介石表揚他爲"新文化中舊道德的楷模，舊倫理中新思想的師表。"但胡適的日記和書信中呈現的卻不是一份帶血肉的教材，而是顆充滿掙扎的心靈。

　　日本學者藤井省三於1995年利用康奈爾大學檔案有關

韋氏家族的材料，寫了一篇《胡適戀人E·克利福德·韋蓮司的生平》連載在日本《東方》雜志。普林斯頓大學周質平教授除研究明代學風外，還是個胡適迷，他到台北胡適紀念館看了胡適寫給韋蓮司二百多件的信和電報，也看了該館所藏1949年後韋蓮司寫給胡適和江冬秀二十多封信，心想韋蓮司1949年前給胡適的信必然仍在大陸，便向中國社會科學院打聽，果然獲得一百多封。這三百多封信不但談他們兩人的感情、生活，還談哲學、政治、藝術、文學。於是他寫了《胡適與韋蓮司：深情五十年》一書，很受讀者歡迎。五年前他在香港當訪問學者時，恰巧外子艾朗諾也在香港教書，大家相聚，萌生了寫英文本的計劃，今年由香港中文大學出版。用英文寫，寫法自然不同，首先，我們必須重新介紹已經被西方讀者淡忘的胡適，解釋當時的文化背景和不斷變更的時局，同時必須對韋蓮司本身的心路歷程有較全面的交代。合作的過程中我們對胡適又有了新的認識。

韋蓮司出自康奈爾大學的所在地伊薩卡城(胡適稱它"綺色佳")的望族，父親是古生物家，胡適可能上過他的課。韋蓮司是美國最早創作抽象畫的藝術家之一，現在費城美術博物館仍展示她一幅題爲《兩種韻律》(Two Rhythms)相當大的油畫。胡適日記中1914年開始提到她時，他還在康奈爾念書，韋蓮司則在紐約市從事藝術創作，常常回伊薩卡看父母，有機會相識。他們早年的交往可以說是"發乎情止乎禮"，到1933年胡適第三次到美國才真正成情人。胡適做大使後他們漸漸疏遠，但一直都互相關懷，胡適去世後韋蓮司和江冬秀多年仍有信相互致候。

這次合作我們很幸運得到兩位美國藝術史學者的協助，一位是萊斯大學的William Camfield，他在韋蓮司去世前一年訪問過韋蓮司；另一位是亞利桑那州立大學的Betsy Fahlman，她過去三十多年收集了不少關於韋蓮司的資料，印了一份給我們，包括李又甯教授多年前與她分享的資料，讓我們更深地了解韋蓮司的身世和她對胡適的影響。

胡適對推動中國社會改進有多方面的貢獻，最少爭議性的，算是他提倡白話文了。白話文運動完全改變了中國人表達思想感情的方式，在胡適之前也有不少人提倡白話文，包括梁啟超在內，但他們提倡白話文的目的是要開啟民智，讓普通老百姓明白事理。胡適在1917年《新青年》上發表他的《文學改良芻議》，乃是要以白話文完全取代文言文，甚至用白話文寫詩。對當時即使是很進步的讀書人來說，用通俗的文字寫詩是不可思議的。胡適這想法最初向同在美國留學的梅光迪、任鴻雋、楊銓、唐鉞提出，他們覺得完全不可能，而且用白話文寫詩會顛覆中國數千年來優美的文人傳統，萬萬不可取。胡適爲何有這樣的奇想呢？看來韋蓮司對他這方面的影響相當大。

《胡適留學日記》（原名《藏暉室劄記》）1939年出版時，

韋蓮司雖然不懂中文，他仍寫信給她列出書中有關她的頁數，包括他當時寫的三首舊詩詞。

以下是他 1915 年 6 月作的《滿庭芳》，用美國沒有的杜宇象征在中國的未婚妻江冬秀，用中國沒有的紅襟鳥象征韋蓮司，可謂用心良苦。

> 楓翼敲簾，榆錢鋪地，柳棉飛上春衣。落花時節，隨地亂鶯啼。枝上紅襟軟語，商量定，驚地雙飛，何須待，魂杜宇，勸我不如歸？

> 歸期今倦數，十年做客，慣天涯，況壑深多瀑，湖麗如斯。多謝殷勤我友，能容我傲骨狂思。頻想見。微風晚日，指點過湖堤。

> （楓翼者，楓樹子皆有薄翅包之，其形似蜻蜓之翅。凡此類之種子如榆樹之錢，楓之翼，皆以便隨風遠颺也。紅襟者，鳥名，英文 robin，俗稱 redbreast。）

他 8 月作了一首《臨江仙》，最後兩句是："此時君與我，何處更容他。"有趣的是這詩有個很長的序，結尾說："一夜讀英文歌詩，偶有所喜，遂成此詞，詞中語意一無所指，懼他日讀者之妄相猜度也，故序之如此。"

胡適 9 月從康奈爾轉學到紐約市的哥倫比亞大學後，兩人見面更常，但胡適在夢中都怕再見不到她。10 月寫了一首五言詩：

《相思》

前夜梦书来，谓无再见时，

老母日就衰，未可远别离。

昨梦君归来，欢喜便同坐，

语我故乡事，故人颇思我。

此詩後附了一句："吾乃譾蕩之人，未知'愛'何似。古人說相思，毋乃頗類此。"

　　胡適到紐約後兩人住的地方距離不遠，但仍頻頻通信。他們來往信中常常談藝術文學。韋蓮司該年11月讓他看她創作的三幅畫。胡適在康奈爾大學修過美術史，可是被這些抽象畫難倒了，晚上睡不著覺，半夜提筆寫信給韋蓮司，說他不能了解這些畫，非常痛苦，清晨四點鍾醒過來又給韋蓮司寫信，說他在夢中清楚看到這三幅畫，第一幅給他的感覺是苦悶掙扎，第二幅讓他感到紓解，第三幅給他一種帶希望和同情的滿足。韋蓮司回信說她作畫從來不求人了解，但胡適竟感受了她要表達的感情，讓她很欣慰。她說第一幅畫的苦悶掙扎與正在歐洲進行的戰事有關，這種苦悶掙扎正在尋求紓解和希望。

正是這年秋天，胡適給梅光迪的送別詩裡用了十一個英文的字眼，如牛頓、培根、拿破侖、莎士比亞、煙士披裡純等，引起了朋友間的爭議：什麼字眼可以入詩呢？寫詩可不可以摻入英文詞彙？不摻入又怎麼表達這些意思呢？

第二年春天，韋蓮司安排胡適看名律師John Quinn的私人收藏。Quinn很早便大量搜買了畢卡索、馬蒂斯、塞尚、布朗庫西等歐洲現代派藝術作品，盡管胡適似乎一直都不欣賞現代派的繪畫，但畢竟開了眼界，原來藝術是可以這樣不受拘束的！不久韋蓮司為留在伊薩卡陪伴病重的父親，決定暫時不回紐約市，胡適7月和一位雲南籍的同學搬進韋蓮司的公寓，成了韋蓮司的二房客。這公寓俯瞰Hudson河(胡適詩裡的"赫貞江")。在四周是前衛藝術品的韋蓮司寓所裡，胡適寫了一首充滿了俚語俗字的打油詩給梅光迪，牢騷、胡鬧、尿、上吊等字眼都用上去了，讓幾個談論詩詞的朋友更是沸沸騰騰，任鴻雋從伊薩卡來信說："如凡白話皆可為詩，則吾國之京調高腔何一非詩？"胡適回應說不排除京調高腔也能成詩，以前沒有白話詩只是因為沒有會作詩的人用白話寫詩。他便隨手寫了一首關於孔子的白話說理四行詩。

《孔丘》

"知其不可而為之",

亦"不知老之將至"。

認得這個真孔丘,

一部論語都可廢。

數星期後,8月23日,他寫了一首抒情詩,送到《新青年》登載。

《蝴蝶》

兩個黃蝴蝶,

雙雙飛上天。

不知為什麼,

一個忽飛還。

剩下那一個,

孤單怪可憐;

也無心上天,

天上太孤單。

十七年後胡適寫《四十自述》時說這首詩本來題為"朋友",寫這首詩時,他正臨窗對著赫貞江吃午餐,看見兩只蝴蝶在樹梢上，一只飛走後，另一只非常孤單。這不分明是他在韋蓮司的寓所裡想韋蓮司嗎？

胡適在這公寓一直住到他第二年夏回中國。他的《文學改良芻議》是在這裡寫的。他回國前兩個月，和任鴻雋去參觀一場韋蓮司有份的現代畫展，看完後寫信給韋蓮司說：“這展覽給我最大的感受就是它敢於嘗試的精神。我從來沒有看到藝術家這樣勇敢地表達自我。這本身就是健康活力的印證。”

韋蓮司的前衛藝術雖然對一般人來說相當晦澀，不同於胡適白話詩的刻意淺明，但兩者共通處是擺脫傳統，敢於嘗試，用新的方式來表達現代人的意念和感情。他1917年秋出版第一本白話詩集時，就把它叫《嘗試集》，《孔丘》和《蝴蝶》自然都收了進去。

《嘗試集》非常暢銷，不斷地再版，裡面的詩不少是想念伊薩卡城凱約湖畔的韋蓮司。以下是其中一首：

《一念》

我笑你繞太陽的地球，

一日夜只打得一個回旋；

我笑你繞地球的月亮，

總不會永遠團圓；

31

我笑你千千萬萬大大小小的星球，

總跳不出自己的軌道線；

我笑你一秒鍾行五十萬哩的無線電，

總比不上我區區的心頭一念！

我這心頭一念，

才從竹竿巷忽到竹竿尖(注)；

忽在赫貞江上，

忽在凱約湖邊，

我若真個害刻骨的相思，

便一分鍾繞遍地球三千萬轉！

（注:竹竿巷是我住的巷；竹竿尖是吾村後山名。）

—— 1918.1.15《嘗試集》（第二編）

除文學藝術外，韋蓮司深深地影響了胡適對政治和婦女的看法，還往往在他生活上激勵他。2002年發表的《北京大學圖書館藏胡適未刊書信日記》裡，有一封韋蓮司發自1938年8月19日的信，責備胡適不夠志氣，臨陣想退卻大使的責任。胡適眉批說韋蓮司有理，沒有把這封信歸檔，似乎留在身邊督促自己。

有趣的是處理文件極其小心的胡適，收藏的照片一般卻都沒有注明人名和日期，遺留了一大堆我們現在很難辨認的照片。和當時很多人一樣，他大概沒有意識到照片也是珍貴的歷史資料，幸而Camfield除了提供我們資料外，還介紹我們認識韋蓮司的其他朋友，他們辨識了一些韋蓮司的照片。

藤井省三相告他九十年代訪問康奈爾大學時，看到康奈爾大學獸醫學院圖書館曾懸挂一張韋蓮司的照片，因爲韋蓮司放棄藝術生涯後利用她父親傳授給她的科學方法，擔任該校獸醫學院圖書館第一任館長。我們和該館聯絡，該館人員非常驚訝這位備受歷屆獸醫學院師生欽佩、作風穩健辦事能力極強的女士，年輕時竟然是位前衛畫家，而且有一段影響深遠的跨國羅曼史。

胡適錯綜複雜的感情生活仍在被發掘中，余英時前年替《胡適日記全集》寫序言時，發現胡適居然和後來成爲杜威續弦夫人的Roberta Lowitz曾有一段情。最近德堡大學的江勇振教授出版了《星星、月亮、太陽：胡適的情感世界》集其大成，而且有不少新發現。

（原刊於《聯合報》2007 年 6 月 6 日
題爲 "一個掙扎的心靈：胡適的白話詩與美國前衛藝術"）

韋蓮司 1914 年自描
耶魯大學圖書館
Beinecke Rare Book and
Manuscript Library 提供

韋蓮司攝於康奈爾大學獸醫學院圖書館，約 1929 年。
Flower-Sprecher Veterinary Library, Cornell University 提供

有關於胡適與韋蓮司戀情的
檔案資料

胡適與他美國友人韋蓮司Edith Clifford Williams的戀情，普林斯頓大學周質平教授寫的《胡適與韋蓮司：深情五十年》一書中有很詳細的介紹。我現在正和周教授合作寫英文本。這裡談談我們所發現和采用的檔案資料。

胡適(1891—1962)簡介

胡適是安徽績溪縣上莊人，黃山中這小村裡仍保存著他的祖居。他十二歲時到上海讀書，先後上了四所學校都沒有畢業，但在上海接觸了梁啟超和嚴復等新思想。十九歲赴京應考獲選為第二批"庚款生"之一，到美國紐約州北部的康奈爾大學讀書。他深信中國所需要的是一種思維方式，日記中說："近日吾國之急需，不在新奇之學說，高深之哲理，而在所以求學論事觀物經國之術。"當時美國哲學大師約翰·杜威的"實用主義"深深地吸引著他，他留在康奈爾讀了一年研究院後，便轉入紐約市的哥倫比亞大學師從杜威。

胡適第一次在美國共住了七年，1917年回國，經安徽同鄉陳獨秀的推薦被蔡元培聘到北京大學教書。胡適回國前已"暴得大名"，因他在陳獨秀編的《新青年》上寫文章鼓吹文學改革提倡白話文非常轟動。此前也有不少人提倡白話文，包括梁啟超在內，清末民初已有不少白話文報紙，但胡適提倡白話文不是為了開啟民智，讓普通老百姓明白事理，而是要以白話文完全取代文言文，作為文人表達思想感情的媒介，包括用白話文寫詩，沒想到這建議短短幾年內便得到廣大社會的接納。

我們現在常把胡適與1919年的五四運動聯想在一起，其實五月四號北京學生上街遊行時，胡適不在北京，可是五四運動確實是和白話文有關：白話文把當時的年輕人從文言文的枷鎖釋放出來，讓他們可以用現代人的語言講現代人的話，頓然增添了許多自信，敢於對權威挑戰。我們可以肯定，如果沒有白話文運動就沒有五四運動。此外，胡適還在《新青年》介紹了易卜生的社會問題戲劇如《娜拉》等，高唱人權女權，反對腐舊勢力，對當時學生思潮的動向，影響是非常大的。

胡適1919年5月初正在上海迎接杜威來華講學，杜威在華兩年到處演說，胡適把他的思想濃縮成至今仍不斷被人引用的一句話："大膽的假設，小心的求證。" 杜威的先進教育思想，包括"兒童中心"以及"生活教育"，在中國也引起很大的反響，"實驗學校"紛紛成立，教育部在 1922 年頒行沿用至今的"壬戌學制"，采納了不少杜威的教育思想。

胡適雖和陳獨秀、李大釗等一起編輯《新青年》，但他堅決反對談各種主義，認為中國的危難只能靠提高人民素質，一步步地針對具體問題解決。他自己和朋友前後籌辦《努力周報》、《現代評論》、《獨立評論》以及後來在台灣辦的《自由中國》，都以督促政府為使命，他寫過不少遭受國民黨封殺的文章。在學術方面，他1919年發表了《中國哲學史大綱》上卷(下卷始終沒有完成)，替中國思想史研究啟開了新的一頁；他有系統地考證並出版具新式標點符號的白話小說，讓小說在中國文學史中獲得應有的地位；他證實《紅樓夢》是曹雪芹作的，是新紅學的開山祖師；他呼籲"整理國故"，與顧頡剛、陳垣等創辦《國學季刊》。

胡適在美國做學生時就常用英文演說和發表文章，回國後多次出國或參加會議或巡遊演講，深受當代歐美知識界愛戴。

"七‧七"事變發生時，胡適正在廬山參加蔣介石召開的談話會，蔣約梅貽琦、張伯苓、胡適等午飯，宣稱和日本作戰只可支持六個月。胡適深感戰爭摧毀力的恐怖，強調不可放棄外交途徑，蔣請胡適以"非正式外交"身份到美國去看看有什麼辦法。胡適翌年被任命爲中國駐美全權大使，對美國接濟中國抗日很有貢獻。珍珠港事件發生、美國直接參戰後，胡適因與當外交部長的宋子文不和辭去大使職務。戰後1946—1948年間任北京大學校長，1949年赴美定居，1958年到台灣就任中央研究院院長，致力促進台灣的科學教育，七十歲時在中央研究院歡迎新院士酒會上心臟病猝發世。

胡適的檔案資料和他與韋蓮司戀情的發掘

在中國的歷史中，大概很少人的自傳文字比胡適保存更多的。胡適很早便有寫日記的習慣，這也許和他父親有關。胡傳(字鐵花，1845—1895)曾爲清廷欽差大臣吳大徵的幕僚，隨吳大徵在東北與俄國人交涉，跑遍大江南北以至海南島，死於台灣台東知縣任上。他自撰年譜並有大量自傳式詩文和日記，記載績溪在太平天國管制下的慘狀，重建宗祠的艱辛，以及他在各地工作的情況。胡適三歲喪父，由母親辛苦撫養長大，記憶中的父親很模糊，完全靠讀父親的日記等文字認識他父親。

北京大學圖書館數年前在胡適遺留的文件中，發現他十四歲時在上海澄衷學堂寫的日記(見《北京大學圖書館藏胡適未刊書信日記》(北京：清華大學出版社，2002)。他最後的日記是逝世前三天寫的。他將近四十歲時有一篇很長的"四十自述"在《新月》上連載；晚年又應哥倫比亞大學之邀，由唐德剛錄音，用英文分十六次對自己一生作結評。此外還有不少其他自傳式的中英文文章。

胡適朋友很多，寫信很勤快，朋友們也珍惜他的信，他去世後趙元任、楊聯陞、洪業等都公開了胡適寫給他們的信。

胡適1948年倉促離開北京時遺留的文件被寄存在北京大學圖書館裡。國內1954 年發起大規模的批判胡適運動，爲方便編輯批判胡適的資料起見，大批胡適手稿被挪到社會科學院。他晚年的手稿和檔案資料則存在台北的胡適紀念館。

此外胡適一生在美國一共將近二十五年，康奈爾大學、哥倫比亞大學、哈佛大學、普林斯頓大學、杜威中心等處都有胡適的資料。中美政府外交檔案中自然也有很多胡適的資料。

胡適的留美日記有一部份被朋友抄錄在1916至1917年的《新青年》發表，他後來把1910—1917年間沒有遺失的留美日記全讓上海亞東圖書館出版，原書名爲《藏暉室劄記》。改革開放後1985年社科院近代史研究所根據他留在北京的1937年和1944年的手稿，連同《藏暉室劄記》整理出《胡適的日記》，由北京中華書局出版。隨後台灣遠流出版公司受胡適兒子祖望的委托和台北胡適紀念館的授權，1990 年影印出版了他 1921年至他去世時的日記。1997年安徽黃山書社影印出版了社科院耿雲志編的《胡適遺稿及秘藏書信》四十二卷，包括胡適1919至1922的日程表和日記，大致填補了這幾年的空白。2001年安徽教育出版社把已知的胡適日記重新整理排版，刊出《胡適日記全編》。2005年台北聯經出版社進一步刊出了《胡適日記全集》，除收錄了所知的胡適日記以及日記上附貼的剪報外，還加上索引，序言是余英時寫的。

　　從胡適的日記中，我們發現他和他三嫂的同父异母妹妹，有一段如火如荼的戀情。1923 年日記中多處提到曹誠英、佩聲、"娟"以及曹誠英的前夫胡冠英：在西湖畔的煙霞寺裡，胡適"與佩聲出門看桂花"，"夜間月色不好，我與佩聲下"，"傍晚與娟同下山，住湖濱旅館"等等；10月3日，胡適寫："自此一別，不知何日再能繼續這三個月的'神仙生活'了！枕上看月徐徐移過屋角去，不禁黯然神傷。"又記徐志摩和朱經農來西湖，他和娟同遊湖等等。這段婚外情到1926年告一段落。1928年在南京時記："下午去看佩聲，兩年多不見她了。"胡適是個有考證癖的人，沒有講明白這段戀情，似乎對身後的讀者挑戰，讀者若不知曹誠英、佩聲和"娟"同是一人，就摸不清楚事情的來龍去脈。這段情九十年代因日記曝光後，得胡適和江冬秀的親屬和曹誠英的友人證實。明白這段戀情，我們才能看得懂胡適1923和1924寫的情詩。

胡適和韋蓮司的戀情也是因他的日記引起學者注意的。他日記裡1914年6月第一次提到韋蓮司女士，以後兩年中頻頻提到她，有時稱她 Clifford 或 C. W.，最後一次提到她是1949年7月。胡適逝世後，韋蓮司把胡適從1914年到1961年寫給她的信，捐獻給台北的胡適紀念館，其中有些經她打字重抄，把若干段落刪除了，當時沒有引起多大的注意。胡適的日記發表後，日本學者藤井省三1995年利用康奈爾大學檔案和有關韋氏家族的材料，寫了一篇《胡適戀人 E · 克利福德 · 韋蓮司的生平》連載在日本《東方》180號到182號。普林斯頓大學周質平教授有系統地研究胡適並搜羅有關胡適的文件，有多種著述並編有《胡適早年文存》，《胡適英文文存》和《胡適未刊英文遺稿》。他在胡適紀念館看了胡適致韋蓮司、韋蓮司至胡適和江冬秀的信和電報，又從北京的中國社科院得到一百多封1949年前韋蓮司致胡適的信件，這些信差不多都是用鉛筆手寫的，不容易辨識，比胡適的信隨便而且露骨多了。

有關韋蓮司 (1885—1971) 的資料

　　韋蓮司出自康奈爾大學的所在地伊薩卡城(胡適稱它"綺色佳")的望族，父親是著名的古生物學家，在康奈爾教書，胡適可能上過她父親的課。胡適認識韋蓮司時，她在紐約市從事藝術創作，當時歐洲有少數藝術家自1910年開始嘗試作抽象畫，韋蓮司是美國最早創作抽象畫的藝術家之一，現在費城美術博物館Philadelphia Museum of Art仍展示她1916年作的抽象派油畫，題爲《兩種韻律》。我們所知關於韋蓮司的資料分散在下列各處:

　　• 康奈爾大學圖書館藏有龐大的韋蓮司家族檔案，但她本人的資料不多。

　　• 有一本關於伊薩卡望族房地產的書對她的家族有詳細的描述：Carol U. Sisler, *Enterprising Families: Ithaca, New York* (Ithaca: Enterprise Publishing 1986)

　　• 韋蓮司與二十世紀初美國藝術界的風雲人物 Alfred Stieglitz有交往，耶魯大學Beinecke Rare Book and Manuscript Library圖書館 Stieglitz 檔案裡有幾封她的信。

　　• 韋蓮司的作品，包括一件要觀衆用手觸摸的石膏像，被刊登在數種前衛刊物上。

　　• 有數種美國藝術史著作裡提到韋蓮司。包括 William

Innes Homer, ed. *Avant-Garde Painting & Sculpture in America 1910-25* (Wilmington: Delaware Art Museum, 1975); Betsy Fahlman, "*Women Art Students at Yale, 1869-1913: Never True Sons of the University*" *Woman's Art Journal* 12.1(Spring/Summer 1991): 5-23; Francis M. Naumann, *New York Dada 1915-23*(New York: Harry N. Abrams, Inc., Publishers, 1994), 183.

- 韋蓮司1923—1946當康奈爾大學獸醫學院圖書館館長，該館檔案裡有關於她的資料。

- 韋蓮司逝世後，她的侄兒把她早年的繪畫捐給耶魯大學圖書館。

- 管轄伊薩卡城的Tompkins縣法院檔案裡有不少關於韋氏家族地產交易、遺囑等資料。

（此文節錄於南開大學 2006 年 8 月
"中唐以來思想文化與社會演進" 國際研討會上的講稿，
原刊於《中國思想與社會研究》第一輯。
北京：中國社會科學出版社，2007。）

韋蓮司父母1907年在康奈爾大學附近建的大宅，父母逝世後她1935年把大宅賣了，建了一棟小的自己住，也有三間臥浴廚齊全的套房，錢緊時則收一兩個房客。胡適和趙元任是這兩棟房子的常客；曹誠英1934—1936年在康奈爾讀碩士時也都住過。胡適1958年到台灣當中央研究院院長，江冬秀起初沒跟去，有一次叫葉良才開車和他們夫婦倆到韋蓮司處小住。作者攝於2006年

葉良才、江冬秀、韋蓮司、胡適。1953年攝於紐約州綺色佳城
韋蓮司家中。 中央研究院胡適紀念館授權使用

胡適五十年代在紐約
81街住的公寓大樓
筆者攝於2005年

安徽績溪上莊村胡適故居門口，
筆者攝於 2004 年

台灣南港中央研究院史語所胡適紀念館胡適之墓地。
筆者攝於2005年

胡適的戀人及诤友
韋蓮司的身世

　　圍繞胡適(1891—1962)身邊的女子中，對他影響最大的算是他在康奈爾大學讀書時就認識的韋蓮司Edith Clifford Williams(1885—1971)，他對韋蓮司的愛慕之心，自己早在1939年出版的留學日記內披露，然而到1997年，普林斯頓大學周質平教授在台北胡適紀念館及北京的中國社會科學院近代史研究所檔案中發掘了他們三百多封的來往書信，我們才知道兩人於1933年終成情人；胡適做大使後雖漸漸疏遠，但仍互相關懷。胡適去世後韋蓮司和胡適太太江冬秀多年仍靠人翻譯相互致候。

　　胡適自言韋蓮司大大改變了他對婦女地位的看法，讓他理解到婦女教育的最高目的，是要培養獨立的人格；他在一篇英文自傳內特別提到韋蓮司介紹他看英國政論家莫雷

John Morley的《妥協》一文，影響了他一生；他沒有明說韋蓮司1914年介紹他看該文章，解除了他當時一個心結：他正困惑於自己作爲一個獨立思考的現代人，終身大事怎能讓他母親做了主；莫雷文中說我們一切事都應該憑自己的信念去做，唯獨因父母之恩可以例外。韋蓮司比胡適大六歲，在他們早年的書信內，處處可看出胡適持虛心就教的姿態，聽韋蓮司講解激進派和保守派如何對人類的進展皆有其功用，容忍和妥協的差別，狹隘愛國主義的弊病，和平非戰主義的理想等等。胡適很多社會政治主張都是那時候形成的。胡適對文學的看法，他新詩的嘗試，很顯明受了韋蓮司從事前衛藝術創作的影響。胡適對韋蓮司幾乎無話不說，他生性秉直，對外交沒有興趣的，極不願意在國際舞台上做中國的代言人，在這方面韋蓮司常常激勵他。後來國民政府崩潰，胡適在大陸成衆矢之的，在台灣也備受非議，韋蓮司一直是他的精神支撐之一。

周質平教授1998年寫了《胡適與韋蓮司：深情五十年》一書，在海峽兩岸都引起不小的反響。他抽不出時間來寫英文版，恰巧我們2002年在香港相遇，他便邀我參與這工作。胡適與韋蓮司的信本來就是英文的，這工作理應很容易做；問題是英文讀者早已淡忘了胡適這人，西方學術界也是勢利的，自從中共統治了大陸，一般都以爲胡適高談人權自由，提倡"多研究些問題，少談些主義"，完全與時代脫了節，數十年已經不提這群失意文人。沒料到中共來個大轉彎，突然呼籲"實踐是檢驗真理的唯一標准"，因此方寸大亂，尚未回頭探索中國實驗思想的源流。我們用英文重提胡適舊事，竟需重新介紹胡適，並對他們不熟悉的當時社會經濟文化政治環境穿插著描述。另外鑒於西方讀者必對韋蓮司這不凡女子更有興趣，不得不先從發掘韋蓮司的資料著手。

折騰了七年，*A Pragmatist and His Free Spirit*《務實者與他的自由魂：胡適與韋蓮司半世紀的戀情》最近終由香港中文大學出版了，北美地區由哥倫比亞大學出版社發行。Pragmatist這字有雙重意思，指胡適作風務實，也指他推崇杜威的實驗主義哲學（也稱實用主義）pragmatism；"自由魂"也有雙重意思，指胡適本身崇尚自由，也可以代表韋蓮司本身。

韋蓮司是個什麼人？是什麼環境下孕育出這麼一個特立獨行的女子？她從事藝術有什麼成就？

韋蓮司是美國最早創作抽象畫的藝術家之一，可惜前衛抽象藝術在美國風光了約十年後就寂寥了半個世紀，一直到七十年代才又受青睞，很多當年的藝術家事迹已經湮沒了。所幸我們得到兩位藝術史學者的協助，一位是萊斯大學現已退休的卡姆菲爾德教授William Camfield，他在韋蓮司去世前一年訪問過她；另一位是亞利桑那州立大學的女性藝術史專家法爾曼教授Betsy Fahlman，過去三十多年收集了不少關於韋蓮司的資料，印了一份給我們，包括李又甯教授多年前與她分享的資料。

　　韋蓮司出自康奈爾大學的所在地紐約州伊薩卡城(胡適稱它"綺色佳")的望族，祖父是康奈爾大學建校校董之一，父親是著名古生物家，曾在耶魯授課，因此韋蓮司七歲至十九歲在康州紐海文渡過。她的藝術基礎主要是在耶魯大學藝術學院打好的，後來在歐洲學過畫。韋蓮司大哥從事金融，是康奈爾大學的董事；二哥工程系畢業，但不事正務是個敗家子；姐姐多病，沒有嫁人，中年就去世了。韋蓮司六個姑姑中有三個終身不婚。韋氏家族對女子的婚姻似乎抱著模棱兩可的態度，1937年韋蓮司五十二歲時有個體面的人向她求婚，她爲這事很苦惱，寫信給胡適說："我父親曾勸告我：除非不得已還是不要結婚好。"父親勸女兒不要嫁人，這在二十世紀初，無論中國或歐美說出來都是相當驚世駭俗的。這句話後面有數層意義：這父親相信女兒不需要男人養，他是個開明不拘俗見的父親；而且他本人的婚姻並不美滿，不希望女兒重蹈覆轍。

　　韋蓮司的父親很疼愛她這位最小的女兒，設法讓她受好的教育，除聘請私人教師外，還親自授課。她到歐洲學畫是受父親鼓勵的。韋蓮司的母親是個見識一般而相當犀利的婦人，不贊成女兒到歐洲，覺得她應該在家陪伴母親和祖母，頻頻寫信催她回美，最後幹脆自己追到英國女兒身邊。韋蓮司在巴黎Académie Julian只逗留了兩個月，寫信給父親說，其實在巴黎學畫跟在美國沒有兩樣，都要憑自己摸索，唯一的好處就是巴黎有裸體可臨摹(當時在耶魯大學也僅靠石膏像臨摹)。至於所謂的藝術家波西米亞生活方式，她覺得沒有甚麼好稀奇的。她和母親離開巴黎後暢遊了意大利。有趣的是這位胡適跟著叫母親的人(他甚至寫信請他在安徽的老母親向韋氏母女致安)特別喜歡胡適，胡適往往成爲韋蓮司與她母親間的調解人，胡適回國後她幾乎比女兒更牽腸掛肚地想念胡適。

胡適在1914年的日記中首次提及韋蓮司時，她已經違拂母意在紐約從事藝術。俄人康丁斯基Wassily Kandinsky公認是頭一個1910年在德國創作現代抽象畫的人，把抽象藝術引進美國的則是施帝格利茲 Alfred Stieglitz。施帝格利茲也是把攝影當藝術的祖師爺，他在紐約第五街291號有個美術廊展覽並代理前衛藝術家的作品；291便成爲藝人和收藏家的活動中心。他又用291爲名辦了一份雜志，1914年7月號請了他的朋友撰文表述他們對此美術廊的感想，韋蓮司也寫了一篇，說施帝格利茲的強悍作風雖然和自己不同，但她很欣賞他。現在耶魯大學藏的施帝格利茲檔案中有數封韋蓮司的信，顯示兩人有一段親密的友誼，也有傳言說他們曾爲情人。但從資料看來多情的施帝格利茲似乎追求過韋蓮司，但被她婉拒了。他後來和現在比他風頭更健的女畫家艾琪芙Georgia O'Keefe 成婚。

　　韋蓮司有些早期素描收藏在耶魯大學善本圖書館，我們知道她1914年便開始作抽象畫，但所知僅存一幅題爲《兩種韻律》Two Rhythms的相當大的油畫，以細致的筆觸和極柔和綺麗的色彩描繪兩種重疊的韻律，幾何線條式的韻律以及有機生物的韻律。圖中有個似是人的心臟樣的東西依附在一條曲線上。

　　因此畫是1916年韋蓮司和胡適早年關系很密切的時期作的，可能意指理智和感情，或者代表胡適與韋蓮司本身都不一定。當然，也不排除它只客觀地表達宇宙間存在的兩種韻律。此畫被權威鑒賞家愛倫斯伯格夫婦Walter and Louise Arensberg購入，費城美術博物館特地爲這對夫婦的珍品蓋建了一棟樓，《兩種韻律》便被展示在現代名家的作品間。

　　韋蓮司另有一件作品曾風光一時，但現在下落不明。她1916年塑造了一尊石膏像，不是讓人看而是讓人用手觸摸的。達達派藝術家杜尚Marcel Duchamp當時恰好在紐約，把此作品的照片登刊在他的雜志上，有人將此照片帶回歐洲，文化泰鬥阿波利奈爾Guillaume Apollinaire爲此作品在巴黎開了研討會。

　　韋蓮司和胡適的信中常談及一位叫鄧肯的人。1937 年討論她該怎樣處理求婚事時，韋蓮司披露她與鄧肯曾論及嫁娶。她及時發現鄧肯誇大了他的家世，把酗酒的母親形容得非常好，才解除婚約。鄧肯因而企圖自殺，讓她終身感到內疚，覺得害了這人一世。韋蓮司過後仍欣賞他的才華，很照顧鄧肯，屢次安排胡適和他談話指點迷津。

我們問萊斯大學的卡姆菲爾德教授知不知道鄧肯是誰，他起初想不起有此人，但突然記得最初與韋蓮司接觸時，她慫恿他去看一位叫查里斯・鄧肯的畫家，說這人已經很老而且有點古怪，但有不少畫值得搶救，結果卡姆菲爾德沒有去看鄧肯；他告訴我們鄧肯現在雖然默默無聞，倒因德姆Charles Demuth替他做了一幅"海報肖像"在藝術史上留名。德姆的"海報肖像"是抽象的，不畫眼睛鼻子嘴巴，卻用各種實物影射畫中主人。他有幅叫《五號》的畫是紐約大都會博物館鎮館之寶之一。《五號》的主題是詩人威廉斯William Carlos Williams，畫中呈現的卻是疾駛中的"五號"火車頭，向觀眾衝著來。原來該詩人有一首關於五號火車頭的詩，而他的性情正像火車頭那麼剛烈。卡姆菲爾德還說《鄧肯》此畫多年來是美國藝術史上一個謎團，從來沒有令人滿意的詮釋。

我去耶魯大學看了這幅畫，畫的上截仿油漆匠用的大寫字母描了C. DUNCAN的字樣。下截的焦點是一朵鮮豔怒放的白花，嵌在一個老式橢圓形黑框內，兩側是一對規矩的長春藤。畫的上下兩截不但不協調，而且被一條彩虹似的彩帶隔開。仔細看，上截的字母落筆在一張紙上，而紙竟是歪的，而且字母的最低處被切除，重現在下截的頂端，卻又排不齊，令人看得周身不自在。

　　我參考了歷來對此畫的詮釋，又向美國政府要了鄧肯1936年填寫加入社會福利的申請表，自認把握了新資料，對此"海報肖像"有新的看法：相信此畫上截影射鄧肯的職業，因他除作畫外還替人油漆大型廣告牌，以此謀生，也許亦影射他爲人粗魯；白花則指鄧肯一生中最重要的人，就是皮膚特別白晳美麗性情豪放而卻又端莊有禮的韋蓮司；常春藤代表她的家庭背景。德姆和鄧肯都很崇拜施帝格利茲，施帝格利茲替兩人都辦過畫展，德姆成了名，鄧肯的作品則無人問津。德姆1925年作此畫後有兩封給施帝格利茲的信上提到鄧肯，第一封說："鄧肯畫完了，看起來相當滑稽。"次年道："今春在紐約見到鄧肯，老天，他是我們中最瘋的一個！"我們從一篇訪談艾琪芙的文章知曉，她和施帝格利茲1924年結婚之後就沒有再見過鄧肯，可見這潦倒畫家此時已經被摒棄在此令人稱羨的小圈子外。德姆、施帝格利茲、韋蓮司都出身於富裕的家庭，施帝格利茲也許本來對韋蓮司有意，德姆是同性戀者，但對這跟自己競爭的窮小子追求韋蓮司也許亦不以爲然。怪的是韋蓮司對鄧肯卻一往情深。看樣子德姆和施帝格利茲曾閑談過這在他們眼中極不協調的戀情，德姆決定把他的感觸付諸畫上；以花擬人和把第三者引入畫中，在德姆其他"海報肖像"都是有例可援的。

　　我把這些看法寫了一篇文章，投稿到美國國家史密森尼博物館出版的美國藝術學刊，居然被肯定，2008年秋季刊登載了。

　　抽象畫好劣往往見仁見智；鄧肯大概真正有才華，1916年當杜尚和及畢加索都尚未十分聞名之前，他就獨具慧眼說這兩位是當代所有的藝術家中最有活力的，可惜懷才不遇。然而胡適得知這不起眼的潦倒畫家，竟多年在他敬慕的女人心上有和他幾乎同等的份量時，也許也不是滋味。

　　自從支持她從事藝術的父親1918年逝世後，韋蓮司便停止創作，在家陪伴多病的姐姐。姐姐1921年亦逝世後，她曾有段時間幫教過胡適的史學教授布爾Lincoln Burr整理文稿，布爾從此成為他們兩人共同關心的對象。布爾去世時胡適很震驚，寫信給韋蓮司說剛剛去費城看過他，他對胡適說的最後一句話是"容忍不如對抗壯烈，但比對抗更重要。"胡適二十多年後1959在《自由中國》上發表了"容忍與自由"一文，便引了布爾的話開頭，說，他自己年紀越大，也越覺得容忍比自由更重要，沒有容忍，就沒有自由，因為一切對"異己"的摧殘，都出自深信自己是不會錯的心理。其實韋蓮司1914年寫給胡適的第一封信中，就談到容忍的重要，胡適此時不一定記得，記得也許也不便提起。

　　韋蓮司1923年成為康奈爾大學獸醫學院圖書館第一位全

職館長，做到1946年退休，深受獸醫學院師生愛戴。她辦事穩健作風低調，他們對她在藝術界的成就一無所知，也許視她爲老姑娘，必定不會猜到她有轟轟烈烈的感情生活。1938年胡適受命任駐美大使時向韋蓮司傾訴他極不願意幹這差事，韋蓮司寫信責備胡適不夠志氣，不願管束自己，生在這大難臨頭的時代，他不能推卻責任只能硬著頭皮去幹。胡適眉批說韋蓮司有理，沒有把這信歸檔，似乎留在身邊督促自己。當時韋蓮司爲了親自照料長久在她家的老仆人，下班後還去上課學護理。一位上流社會白人婦人親身服侍非裔男仆，四十年代就是在相當開放的伊薩卡城也會傳爲奇談。

要了解韋蓮司，必須知道她非常仰慕當時在芝加哥辦睦鄰中心的亞當斯Jane Addams。睦鄰中心 settlement house 運動肇始於十九世紀的英國，牛津大學的畢業生在貧民區租了房子居住提供各種免費服務，這概念在美國吸引了些受過高深教育而家有恒產的女子，成爲她們婚姻外的另種選擇。她們或秉宗教熱忱，或基於人道，深信慈善家捐錢那種居高臨下的行善方法是僞善，必須與不同階級的人共同生活才能體現人人平等的理想。亞當斯眼光特別廣大，她辦睦鄰中心時發現許多窮人的問題是社會制度的問題，領頭催促國會立法改良許多社會制度。韋蓮司寫給胡適的信中屢次提到亞當斯，1915年初亞當斯到伊薩卡城演說她更鼓勵胡適去聽。不知道胡適去了沒有，那時候亞當斯還不是很有名，1931年才獲諾貝爾和平獎。胡適大概不知道杜威先生也極推崇亞當斯。

世上的事有些當事人不清楚，反而是後人編傳記看傳記時才窺到全豹的呢！

(原刊於台北《傳記文學》2009 年 8 月號和
《胡適研究叢刊》2009 年第 3 期)

補記:

此文基本上用中文重寫了作者所作具有腳注的 *"Painting Signs: Demuth's Portraits of Charles Duncan,"* (*American Art*, 2008秋季號，90-101頁)一文。寫此文時沒注意到德姆那兩條長春藤似乎托住歪斜的"鄧肯"，而"鄧肯"唯一不歪斜的部分，就是接近常春藤那一小片。常春藤看似弱不禁風，卻堅韌無比，也是韋蓮司性格很好的一個反照。

德姆有當時無法醫治的糖尿病。五十出頭就逝世了，從沒有結婚，也沒有子嗣，遺囑執行人就指定艾琪芙。艾琪芙把德姆《鄧肯》的這幅"海報肖像"捐獻給耶魯大學，後來把自己與施帝格利茲的書信和文稿亦捐獻給耶魯。

三歲的韋蓮司與她的
祖母、父親及哥哥,
攝於 1888年。
Tom Balcers 提供

韋蓮司 1916 年作 的
"在 de Zayas 处创作的
用手触摸感受的石膏
像"(Plâtre à toucher chez
de Zayas)

鄧肯、艾琪芙与藝评
家 Paul Rosenfiel 。
施帝格利兹1920年
摄, 瓦薩學院藏Fran-
ces Lehman Loeb Art
Center, Vassar College.
Courtesy 2009 Georgia
O'Keefe Museum/
Artists Rights Society,
New York.Francis M.
Naumann 提供

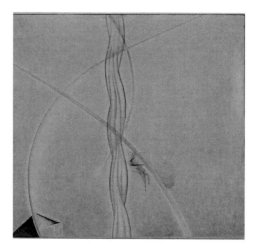

韋蓮司 1916 年的油畫《兩種韻律》, Two Rhythms
費城美術館藏
Courtesy of the Philadelphia Museum of Art,
The Louise and Walter Arensberg Collection

德姆的《鄧肯》Duncan, 1925。耶魯大學圖書館藏
Beinecke Rare Book and Manuscript Library, Courtesy of
Demuth Museum, Lancaster, Pennsylvania

趙元任、胡適與韋蓮司：
半世紀的友誼

　　停辦了八十年之後，北京清華大學國學研究院今年又恢復了。1925年該院初成立的時候，聘請了"四大導師"，一時成爲佳話。四人中的王國維、梁啟超和陳寅恪大家耳熟能詳，趙元任這名字則可能已經有點陌生，有些讀者也許僅僅知道他是語言學家，是《叫我如何不想他》的譜曲人和《阿麗思漫遊奇境記》的中譯者。趙元任與胡適很要好，我有幸見過他，這幾年和周質平合作用英文撰寫胡適與韋蓮司的一段跨國戀情(*A Pragmatist and His Free Spirit*，香港中文大學出版社，2009)，搜集資料時特別注意趙元任。出書後，偶然在加州大學柏克萊校區圖書館的趙元任檔案中，看到他的日記以及他寫給韋蓮司的信，對他們三人間的友誼，對趙元任本身都有了深一層的了解。(韋蓮司1959年把趙元任早年寄她的信奉還，現存在加州大學柏克萊校區 Bancroft 圖書館珍藏的趙元任檔案，見第21 箱"*Old Letters Clifford Wms*"；趙元任1915日記見第24箱；1955 年日記見第 36 箱。)

胡適和趙元任 1910 年同考上第二批庚子賠款公費留美，同就學於在紐約州北部綺色佳小城的康奈爾大學。胡在他的留學日記上說："每與人評論留美人物，輒推常州趙君元任為第一。" 趙則視胡為知己，歐戰爆發後羅素因反戰被驅逐出英國劍橋大學，趙接到消息馬上寫信給胡為這事嗟歎。

趙的童年比胡幸福得多。他是宋太祖的直系後裔，小時在祖父做知州的各處衙門長大，有專門看顧他的老媽子，回憶中充滿童趣。他雖然十二歲時父母雙亡，但家境富裕，仍得伯母姨媽的照料，這對天分極高的孩子未嘗不是好事，少了許多心理上的壓力。

胡則長在人事複雜的環境裡。三歲時在台灣做知縣的父親去世，死因不明。識字不多的母親是父親第二次續弦的妻子，在與她年齡相若的前妻兒子媳婦間唯恐唯惶，用一塊豆腐都得記賬。她把所有的心血和指望放在自己唯一的兒子身上，從小就要求胡做個完人，讓胡承受莫大的壓力。

趙小時候雖然頻頻搬家，但一直被籠罩在家人的愛護中，使他有一種貴族傳統，不太在乎別人怎樣想，我行我素的習性；因孩提幸福，故特別珍惜"平常過日子的滋味"自傳裡有一大段企圖捕捉這種平常滋味（見《從家鄉到美國：趙元任早年回憶》，學林出版社，1997）。胡成長的環境則養成他對人事特別敏銳，隨時保持高度警惕，然而這種長期苦行僧性的約束一旦放松，便一發不可收拾。早在 1921 年一個聚餐上，也是胡留學時的朋友鄭萊替胡看手紋取樂，說他可以過規矩的生活，但也能放肆，他當天日記上就說外人很少知道他這容易沈溺的弱點。

趙胡兩人的悟性是相當的，都思路敏捷，記憶性過人。可是趙按部就班所受的正規教育比胡強得多了：不但有很好的家塾老師，還有祖父親授他《大學》，父親教他《尚書》、《左傳》，母親教他作詩填詞唱昆曲。趙家連丫頭都會做詩。他十四歲進新式學堂開始學英文、代數、幾何，十五歲考入南京的江南高等學堂便學物理化學等，英文和生物是美國人教的，在課堂上觀察過死狗被解剖。他到北京應考，在堂姐家有三個月從容的准備，無怪乎上榜第二名。以後到了康奈爾，很多年保持該校有史以來最高平均分數。反觀胡十三歲自安徽家鄉到上海共上了三所學校，到處跳班卻都沒有畢業，許多時候在搞學生活動，辦刊物，教課賺錢。他到北京應考的盤纏是靠熱心朋友湊齊的，他在七十二位上榜的人中名列第五十五。

胡與趙在康奈爾先後選擇了哲學課，同對基督教有濃厚的興趣但沒有入教；有不少共同的中外朋友。趙和數位康奈爾同學於1914年組織科學社出版《科學》月刊時，也邀請胡參與。《科學》創刊號次年元月在上海發行，是中國第一本綜合性科學刊物，1951年才停刊。很多重要科學成果都發表在《科學》上。在中學打雜的華羅庚是在《科學》嶄露頭角後被清華大學錄取的。爲了維持《科學》的經費，趙有一時期省吃節用竟病倒了。經胡提倡，《科學》一開始就用新式標點符號，比《新青年》還早，不久便全使用白話文。

　　趙與胡兩人都被長輩定了親，有未曾謀面的未婚妻，但到了男女可以自由交往的美國，十來二十歲的人自然對異性有興趣，結識了幾個"發乎情止乎禮"的女友。趙元任自傳說他與某好友的未婚妻出外看戲等。回來曾有某種激動，當然沒對女方表達；胡留美時未婚妻江冬秀早就到他家服侍他的母親，令胡最不滿的是屢次寫信勸江冬秀讀書都沒有反應。但他1917年回國後，還是遵母命與江冬秀結婚了。

　　胡適留學時愛上了古生物教授的女兒韋蓮司。日記中開始提到她時，韋蓮司在紐約市從事藝術，回綺色佳城看父母時和胡相識，但他們雖往來頻密也沒有越軌的行爲，成爲情人是1933年胡適第三次到美國的事。胡1915年6月作的《滿庭芳》裡有這麼一句："枝上紅襟軟語，商量定，驚地雙飛，何須待，銷魂杜宇，勸我不如歸？"用美國沒有的杜宇象征在中國的未婚妻，用中國沒有的紅襟鳥象征韋蓮司，可謂用心良苦。

韋蓮司出自綺色佳望族，見識廣，有思想，特立獨行，是美國最早創作抽象畫的藝術家之一，現在費城美術博物館仍展示她一幅題爲《兩種韻律》(*Two Rhythms*) 相當大的油畫。她轉變了胡對婦女的看法。胡適搬到紐約市轉入哥倫比亞大學讀博士後，韋蓮司介紹胡看現代畫，讓胡領悟到藝術是可以不受任何拘束的。韋蓮司有個時期不在紐約市，胡適和另一位朋友租了韋蓮司的公寓，他的《文學改良刍議》和最早的白話詩都是在韋蓮司的公寓寫的。他看了前衛藝術畫展後寫信給韋蓮司說："這展覽給我最大的感受就是它敢於嘗試的精神。我從來沒有看到藝術家這樣勇敢地表達自我。這本身就是健康活力的印證。"1917年胡出版第一本白話詩集把它叫《嘗試集》。

趙元任本來就和韋蓮司家人有來往，與她相熟是 1915年7月韋蓮司去波士頓美術館看到馬遠、範寬和宋徽宗的畫後想學用毛筆。趙將到哈佛攻博士，胡請趙路經紐約市時教她。趙的自傳裡說："在紐約市時，胡適與我的共同朋友威廉姆斯(Clifford Williams)小姐請我晚餐。"但他的日記和書信顯示他在紐約見了韋蓮司兩次，韋蓮司請他在陽台上吃早餐，隔了一天又請他吃下午茶，可沒有請晚餐。趙大概因說請早餐可能令人誤會，中國人又沒有請吃下午茶的習慣，卻想爲這美好的回憶留個印記，便寫說請了晚餐。他們談得非常投機，趙馬上有兩封風趣的明信片寄給韋蓮司。而她10月寫給胡的信中說在草地找到三棵罕有四瓣葉子的苜蓿——俗稱會帶來好運——分別寄給胡、趙和他們另一位共同的女友。

趙在哈佛常和韋蓮司通信，送中國書法帖給她，報告他的學業進展，論文寫畢後說獨個兒到麻州鄉下漫遊時，徜徉在山水間竟忘了身在何國何世。趙繼而到芝加哥和加州進修，1919年回康奈爾大學做物理講師那一年，韋蓮司的父親剛去世，她留在綺色佳陪伴母親，過從相信更頻密了。

趙次年從康奈爾請了假到清華教書，回國目的之一是要托長輩替他解除婚約。果然給了女方兩千元"教育費"辦妥了。他在清華只教了幾堂課，碰上梁啟超、張東蓀等進步黨人請了羅素來中國講學，要趙做翻譯。素來敬仰羅素的他自然欣然同意，1921年4月興高采烈地寫了明信片給韋蓮司，說他替羅素做翻譯，湊巧胡也正在替杜威做翻譯；又報告有個醫生告訴他晚間睡六小時加上半個小時的午覺，善於晚間長達七個半小時的睡眠，解答了韋蓮司曾提出的問題。

這明信片上提到的醫生肯定就是趙在北京差不多每天

見面的楊步偉。她字韻卿，比趙大三歲，是個奇女子，小時家裡把她當男孩帶大，二十歲就當起校長，監過斬，剛從日本東京大學女醫學校回國開醫院（見《一個女人的自傳》，台北傳記文學出版社，1969）。趙愛上了這位快言快語的漂亮醫生，不久就請胡見證他們別具風格的婚禮，除了胡之外只請了一位女士。晚餐新娘子自己燒菜。茶後，趙取出他手寫的文件，要胡和朱大夫簽名作證。胡本來猜到請客是怎麼一回事，帶了一本他注解的《紅樓夢》，精致地包起來當賀禮，爲防猜錯還在外面加包一層普通紙。

　　婚後趙決定不回康奈爾而去哈佛教哲學。他1923年復韋蓮司的信說："你問我幸運的妻子是否跟我在一起，應該說她幸運的丈夫跟她在一起才對。可惜我講英語的朋友們不易明白我這句話，因爲她思考和表達方式都是中國型的。"過了兩年清華成立國學研究院，聘王國維、梁啟超、陳寅恪和趙元任爲導師，這次趙辭了哈佛的職位回國逗留十三年，可視爲響應胡"整理國故"的呼籲。他致力於研究方言，對中國語言理論、國語語音的統一很有貢獻。以後胡參與中華教育文化基金會，籌辦中央研究院，趙都踴躍加入。胡四十歲生日趙給他的祝賀詞說：

　　　　你是提倡整理國故的喀

　　　　所以我們都進了研究院

你是提倡白話文學喀

我們就啰啰嗦嗦的寫上了一大片

　　胡適在上世紀二十年代中段心情很惡劣。女兒及兩個心愛的侄兒相繼去世，家裡開支龐大捉襟見肘，舊時朋友因國共相鬥反目成仇，加上自己陷入和他三嫂妹妹曹誠英的戀情難以自拔。且看地質學家丁文江的信便知道胡當時情緒低迷的地步：

　　……信拆開一看，果然是滿紙的氣話……我們想你出洋，正是要想你工作；你若果然能工作，我們何必攆你走呢？你的朋友雖然也愛你的人，然而我個人尤其愛你的工作。這一年來你好像是一隻不生奶的瘦牛，所以我要給你找一塊新的草地，希望你擠出一點奶來，並無旁的惡意。

　　看樣子胡為了曹誠英的緣故，1926年很不願意離國到歐洲去，去了歐洲後也不想到美國交論文，完成他拖延多年的博士學位程序。他寫信給韋蓮司說自己是"近鄉情怯"（用英文解釋，因韋蓮司不懂中文）。此時韋蓮司已經放棄藝術創作，憑受過父親嚴格的科學訓練，被聘為康奈爾獸醫學院圖書館首任館長。從韋蓮司下面的信，可見得胡到了綺色佳後，便向韋蓮司訴說自己如何孤獨，半文盲的太太江冬秀如何無知，與他格格不入且不懂得教育孩子，以致他考慮把大兒子托巴黎一個朋友養。他想從韋蓮司處得到些同情與溫暖，沒想碰到釘子：

親愛的適，

　　首先聲明，我將不會寫任何不忠於你妻子或對你妻子不體恤的話語(我相信我不忍心這樣做)——你的妻子必定非常愛你……你們兩人同是不幸的制度下的犧牲品……她也許不清楚，你卻完全了然，你有太多她沒有的機會……責任當然落在覺醒的一方……對於與我們性情不合的人，除了用藝術家的眼光探索他們天生最好一面外，難道另有更公平的態度嗎?……把別人理想化只能導致幻滅……談到孩子，更讓我們體會到對身邊的人而言，價值觀念與行為遠比語言重要……我希望你把祖望送到那巴黎的人家。在這之前，你能不能學會嬉戲和他作個伴呢? 我總覺得世間最忽略的資源就是嬉戲，要能夠在社會上撐得住，沒有比嬉戲更重要了。不是指聲色犬馬，或神經兮兮的尋樂，而是真正輕鬆忘我地讓想象力奔馳，表現自己另外的一面。趙元任無論在任何困境都不會令人覺得他可憐，因為他能隨時以嬉戲的心態從中獲得樂趣。

韋蓮司1927年寫這封信時，認識胡適至少有十三年，認識趙元任也至少有十二年。她對這兩位朋友的評語是相當中肯的。

楊步偉1939年五十歲生日時，趙元任在耶魯大學任教，韋蓮司約了已做駐美大使的胡適，由她做東在大學附近一家餐廳請吃茶替楊步偉慶生。趙夫婦也許知道胡與韋蓮司數年前成了情人，但肯定不知胡新近又和曾看顧他的護士相好，韋蓮司還蒙在鼓裡。胡那天的心情相信是很複雜的。

1941年胡卸下大使職任後，趙已又回到哈佛教書。胡每次到康橋總和趙夫婦聚，1944年秋胡到哈佛講八個月的課，在旅館下榻但在趙家用膳。戰後胡當北京大學校長，趙夫婦知道國內通貨膨脹生活困難，托人帶了錢給胡。胡不肯受，說"趙太太一定是怕我們在國內要餓死！"倒勸趙到北大教書。後來還是趙勸胡在美國定居，替他出主意找事，送大部頭的工具書給他，隨時聽他發牢騷。

江冬秀到了紐約市後，胡只好親自買菜讓太太做飯。她除了打麻將外便是看武俠小說。據胡頌平《胡適之先生晚年談話錄》(台北聯經出版事業公司，1984)，有一次小偷從窗口爬進他們五樓的公寓，江冬秀一人在家，便開門請小偷出去；小偷也許向她說了些話，見老太太聽不懂竟乖乖從大門走了。這事充分表現江冬秀雖識字不多又纏了腳，但不失大家閨秀本色，臨危不亂。

胡雖然與韋蓮司斷了情緣，仍維系著友誼。1953年夏韋蓮司請胡夫婦到綺色佳短住，胡在致趙夫婦的信上輕描淡寫道："冬秀同我在Ithaca住了二十七天，很舒服。"趙夫婦自然明白他言外之意，就是胡在妻子和舊情人間並沒感到為難。韋蓮司存心要和江冬秀做個朋友，聊以彌補她的內疚。江冬秀顯然非常喜歡韋蓮司，以後另結伴到綺色佳訪韋蓮司。過了兩年趙夫婦也到綺色佳韋蓮司家住了六天，走訪老朋友，並探望在康奈爾讀碩士的最小的女兒。

經趙奔走，加州大學1956年高薪請胡授課一學期。趙建議胡夫婦就住他們家，胡來信說冬秀不願去，而他自己是個日夜無常的"惡客"，托訂旅館。這學期過後，趙要遊說加大長期聘任胡，胡謝辭的信凸現他們情同手足：

元任，韻卿：

......我盼望你們不要向U. C.重提此問題，因為我現在的計劃是要在台中或台北郊外的南港(中央研究院所在地)尋一所房子為久居之計。不管別人歡迎不歡迎，討厭不討厭......

我在今年初——也許是上年尾——曾有信給元任，

說明為什麼我這幾年總不願在美國大學尋較長期的教書的事，我記得我說的是：第一，外國學者弄中國學術的，總不免有點怕我們，我們大可以不必在他們手裡討飯吃或搶飯吃。第二，在許多大學裡主持東方學的人，他們的政治傾向往往同我有點"隔教"……（以下兩點是今天加上的）第三，我老了，已到了"退休"的年紀，我有一點小積蓄，在美國只夠坐吃兩三年，在台北或台中可以夠我坐吃十年而有餘。第四，我誠心感覺我有在台灣居住工作的必要。其中一件事是印行我先父的年譜和日記全部：第二件事是完成我自己的兩三部大書……因為韻卿性子急，她對我的事太熱心了，往往沒有耐心聽我"坦白"！請你們不要笑我這篇坦白書！

適之

一九五六，十一，十八夜

早十多年前歐美各大學紛至沓來的聘書胡推卸尚來不及，為何到了五十年代反而要趙替他找事呢？先說明，不是沒有大學要胡，英國牛津大學就打算聘胡擔任講座教授，打聽他願不願意。胡卻因英國承認了中共，怕卷入政治糾紛而推了，可見他是挑剔的。美國方面中國研究正在起步階段，據 1957年一項調查報告，全美國僅有一百二十七個學生主修與中國有關的學科，除頂尖學府外都沒有開課，開課的分兩派：一派研究中國古代文明，哈佛燕學社剛剛培養了數位這方面的人才；在中國長大的傳教士子弟戰後亦紛紛回美，這批羽毛未豐看文言文尚成問題的年輕學者，自然如胡信中說，"不免有點怕我們。"另一派以費正清爲首的研究近代中國，深感當前主要課題是要解釋中國爲何必然走上共產之路，和胡自然有點"隔教"。

胡1958年當了中央研究院院長後安排趙訪台灣，勸趙定居幫他提升科學教育。趙夫婦住了幾個月但沒有留下。胡1962年逝世後，江冬秀靠人翻譯和韋蓮司保持通信，屢次寄綠茶給韋蓮司，多年後還向趙夫婦詢問韋蓮司的地址。趙夫婦一直到韋蓮司1971年逝世都和她有聯絡。

筆者與趙夫婦有过一面之缘。他們的長女如蘭在哈佛大學執教多年，是該校升爲正教授的第二位女性。七十年代朗諾念完博士留校任教時，我們兩夫妻常聚。忘了是哪一年趙元任夫婦從加州來了，趙先生話不多，總眯笑著眼看太太發表言論。最記得如蘭的女兒在美國政府任職，趙太太戲稱他們帶大的孫女比父母親都強，"做官了！"我們提起某教授再婚不知多少次，趙先生走出客廳半晌，回來說是四次，他的電話簿上全有記錄，不愧是個有一分證據說一分話的人。趙太太已八十多歲，客人要走，她竟敏捷地跨過茶几送客。

胡適讀書目的是要匡時濟世，很年輕在上海便和朋友辦報發表他對社會種種問題的看法，得朋友的贊助考取了公費留學，更讓他增添使命感，覺得國家社會的命脈就在他們這些少數幸運兒身上。中共統治大陸後，對胡來說，去留是個讓他掙扎良久的道義問題；趙則早就在中學已決意做世界公民了。胡偏於單線條推理，習慣據理力爭，很少涉及文字無法概括的領域，這一點韋蓮司上面的信中也點出來了；趙則樂於尋覓事物中各種看似不規則的現象背後的規律，所以從小喜歡看風箏，觀察雷雨，研究各人鄉音的異同。他做學問是帶有品鑒性質的。憑趙的稟賦和科學訓練，若沒有從事語言學，必定在數學、物理、生物、音樂或天文方面大放光彩。

趙夫婦銀婚胡寫了下面這首詩慶賀:

> 蜜蜜甜甜二十年，人人都說好姻緣。
> 新娘欠我香香禮，記得還時要利錢！

"香香禮"指歐美婚禮後新娘子與客人親臉，胡這小詩是相當調皮的。雖然錯把二十五年寫成二十年，趙夫婦仍很珍惜，把它收在《胡適給趙元任的信》（台北萌芽叢刊之八，1970）裡。在他同輩的人中，胡適最憐愛的人大概是徐志摩，最欽佩的是眼界寬廣辦事力超強的丁文江，最羨慕的則是趙元任。

（原刊於《東方早報：上海書評》2009 年 12 月 13 日，
　　　有大同小異並具腳注的版本
　　發表於台北《傳記文學》2010 年 1 月號和
　　《胡適研究叢刊》2009 年第四期）

補記：

　　此文謂趙如蘭是哈佛升爲正教授的第二位女性有誤，
請看"謎樣的趙如蘭和她的父母親：趙元任與楊步偉"一文
"補正"。

自左至右：徐志摩、朱經農、曹誠英、胡適、汪精衛、陶行知、馬君武、Eloise　Ellery（瓦薩學院的歷史教授，陳衡哲的老師）、陳衡哲。1923 年攝於杭州。瓦薩學院圖書館藏。
Courtesy of Special Collections, Vassar College Library

楊步偉和趙元任，長女趙如蘭 2007 年提供

猶太神學院院長與胡適

　　我和周質平教授合作用英文撰寫胡適與韋蓮司的戀情出書後，收到紐約大學Ernest Davis歐內斯特·戴維斯教授的來郵，他的專業是電腦，但對我們的書特別有興趣，說與胡適相晤是他外祖父Louis Finkelstein路易·芬克勒思丁納一生最快樂的一天。

　　芬克勒·思丁納（1895—1991）自1918年得哥倫比亞大學博士後，便在處於紐約市的猶太神學院執教，從1940年至1972年是該院的院長，著作裴然，是在美國的猶太教居於正統派（orthodox）和革新派（reform）之間的保守派（conservative）中很具影響力的思想家。

　　下面這篇文章是一名叫Hilde Lewis的婦人1986年寫的，戴維斯教授注入適當的日期，把它錄在紀念他外祖的網站上。以下我把它譯成中文：

路易 · 芬克勒思丁納和胡適

我在大學讀書的時候，住在猶太神學院院長芬克勒·思丁納教授家，替他打理家務兼照顧孩子。那天吃過晚飯，孩子們已經離開餐桌，我突然向芬克勒思丁納教授問道："您平生最高興的事是什麼呢？" 我正選修一門心理學課，引發我提這問題。

身材修長，氣度俨然的芬克勒·思丁納教授留了一把黑胡子，眼神相當憂郁，他望著我一笑說：這問題我答得了，那是1941年的事，我們的跨宗教研究所要找人作隆重的講演，我想到胡適，因我看過他的著作，知道他是一流學者，便致函到中國大使館請求謁見。回函出奇的熱請，讓我對中國人辦事的作風有點驚異。

我乘火車到華盛頓後，搭計程車到大使館，被請入大使的書房，他走進來是這樣跟我打招呼的："芬克勒·思丁納教授，我聽說我要擔任大使時，心中最希望能見到的人就是你！請坐！請坐！"兩人坐定，我四處望望，看書房布置得很典雅，到處是古董，畫軸，精致的地毯，胡適則彎腰把小幾子上的兩部書提起，對我說："你告訴我來因之前，能否先在你寫的法利賽人的著作上簽個名，我將非常榮幸。"我驚訝得說不出話來，在這充滿異國情調的屋子裡，按法律說還是異國土地，居然有兩部我1938年出版的關於猶太法利賽人的書。我把書捧過來，發現都被細讀翻舊了，並有不少眉批，激動得要寫獻詞一時忘記他的名字是胡適。

大使把書接回說："讓我告訴你我是怎樣擁有這兩本書的。幾年前我在研究中國一個古老的部族，這部族沒落分散了後備受人歧視，卻仍數百年維持其獨特的文化。我寫信到美國國會圖書館，問世界歷史上有沒有相似的案例，他們推薦我看你的書。你瞧，果然從頭到尾看了又看。我到華盛頓後，一直想找機會和你見面，正巧收到你的信，竟感到也許冥冥中有神靈安排。

"你現在可明白爲什麼這是我平生最高興的事了。我的書居然獲得地球另一邊一位如此學問淵博的人欣賞，實在讓我太激動，太快樂了。況且，胡適的演講果然很出色！"

胡適在《說儒》內推測"儒"本來是殷商遺民，像猶太人中的法利賽人，成爲世襲專司禮儀的族裔。他1941年到猶太神學院講演，就用這題目，此講稿收入周質平編的《胡適未刊英文遺稿》內。胡適當時承認他的看法沒獲得林志鈞、馮友蘭和顧頡剛的接受，但一些老輩學者如陳垣、高夢旦、張元濟，倒熱心贊同這論說。胡適形容他寫這篇文章時興致很高，常一邊寫，一邊獨笑。

　　無論如何，從芬克勒思丁納的回憶中，我們可窺見胡適思想領域之遼闊，也間接感受到胡適的個人魅力，讓這位猶太思想家把他與胡適短暫的交流，視爲他一生的高潮。

(原刊於《胡適研究通訊》2010 年第 4 期)

胡適生命中爭議最少的一段

——評江勇振的《捨我其誰:胡適——
第一部·璞玉成璧, 1891—1917》

　　大概海外五十歲以上的華人知識分子多多少少都有些胡適情結,雖沒趕上可稱他為"我的朋友胡適之",至少認識些他朋友的朋友。我在菲律賓上的華僑學校,《差不多先生傳》和《不朽》是必讀的,師長談及胡適敬慕之情溢於言表。我告訴白先勇我正研究胡適,他順口說:"胡適有一次去看張愛玲,張愛玲在紐約很落魄,住救世軍辦的女子宿舍,在空洞的大廳招待胡適,送他出門時,赫貞江上吹過來的風很大,張愛玲望著他的背影,哎,真有同是天涯淪落人那種感覺。"言下他亦頗受感染。的確,胡適筆鋒犀利,生活那麼多彩多姿,人卻那麼可愛,我們多少都和他認同。

我查看收入《張看》（皇冠，1975）的張愛玲憶胡適那篇文，是這麼寫的：

> 同年（注：1955）十一月，我到紐約不久就去見適之先生，跟一個錫蘭朋友炎櫻一同去......適之先生穿著長袍子。他太太帶點安徽口音......態度有點生澀。我想她也許有些地方永遠是適之先生的學生，使我立刻想起讀到的關於他們是舊式婚姻罕有的幸福的例子......炎櫻去打聽了來,，我說："喂,你那位胡博士不大有人知道，沒有林語堂出名。"我屢次發現外國人不了解現代中國的時候，往往是因為不知道五四運動的影響。因為五四運動是對內的，對外只限於輸入。我覺得不但我們這一代與上一代，就連大陸上的下一代，盡管反胡適的時候許多青年已經不知道在反些什麼，我想只要有心理學家榮（Jung）所謂民族回憶這樣東西，像"五四"這樣的經驗是忘不了的。無論湮沒多久也還是在思想背景裡......
>
> 跟適之先生談，我確是如對神明。較具體的說，是像寫東西的時候停下來望著窗外一片空白的天......有一天胡適先生來看我，請他到客廳去坐，裡面黑洞洞的，足有個學校禮堂那麼大......我也是第一次進去，看著只好無可奈何的笑。但是適之先生直贊這地方很好。我心裡想,還是我們中國人有涵養......我送到大門

外，在台階上站著說話。天冷，風大，隔著條街從赫貞江上吹來。適之先生望著街口露出的一角空濛的灰色河面，河上有霧，不知道怎麼笑眯眯的直是望著，看怔住了。他圍巾裹得嚴嚴的，脖子縮在半舊的黑大衣裡，厚實的肩背，頭臉相當大，整個凝成一座古銅半身像。我忽然一陣凜然，想著：原來是真像人家說的那樣。而我向來相信凡是偶像都有"粘土腳"，否則就站不住，不可信。我出來沒穿大衣，裡面暖氣太熱，只穿著件大挖領的夏衣，倒也一點都不冷，站久了只覺得風颼颼的。我也跟著向河上望過去微笑著，可是仿佛有一陣悲風，隔著十萬八千里從時代的深處吹出來，吹得眼睛都睜不開。那是我最後一次看見適之先生。

胡適1962年在台北逝世，蔣介石的挽聯譽他爲"新文化中舊道德的楷模、舊倫理中新思想的師表"，似乎可以蓋棺定論了，怎知重估胡適的工作在後頭。胡適不願做偶像，到處留了他"粘土腳"的腳印，讓與他同有考據癖的後人有迹可尋，認識到他是個有血肉之軀極其複雜的人。

胡適逝世約五十年後才撰寫胡適傳，一點都不太遲，若早幾年，就會錯過了不少新"出土"的資料，而傳記剛出版就會過時了！我居住的美國西岸小城購中文書不易，幸虧加大聖塔巴巴拉校區圖書館關於胡適的書相當齊全，因多年負責中文書籍的香港來的彭松達也是個胡適迷。

李敖現在是位"名嘴"，但他1964年成名之作《胡適評傳》是本既嚴謹又生動的學術著作，主要采用胡適早已出版的留學日記，曾在《新月》上連載的《四十自述》，和胡適父親胡傳的《鈍夫年譜》、《台灣日記與稟啟》等遺稿。可惜寫到胡適留學考試為止，便沒有下文了。

李敖當時沒機會見到唐德剛1957年在美國十六次聽胡適回憶的英文稿。唐德剛1979年才把這英文稿譯成中文，與他的《胡適雜憶》同時出版。胡適在台灣的秘書胡頌平1984年發表了《胡適之先生晚年談話錄》和十冊的《胡適先生年譜長編》，都是極有參考價值的。這期間，台北的中央研究院胡適紀念館刊印或重印了不少胡適文稿。

胡適倉促離开北京時遺留的文件被寄存在北京大學圖書館裡。国內1954年發起大規模的批判胡適運動，爲方便編輯起見，大批胡適手稿被挪到社會科學院。胡適"開禁"後，社科院近代史研究所便開始有系統地整理胡適文稿。北京中華書局先後推出了《胡適駐美大使期間來往電文選》（1978）、《胡適來往書信選》(1979—1980)等，又把胡適留在北京的1937年至1944年的日記連同他的留學日記刊出《胡適的日記》(1985)。

當時年輕學者沈衛威要寫胡適傳，在《嘗試後集》看到曹佩聲的名字，發現她就是胡適三嫂的妹妹曹誠英，曾和胡適相戀，於是訪問尚健在的老人，包括胡適的遠房表弟石原皋，鄉友，鄰居，以及曹佩聲的摯友等，1988年發表了《胡適的婚外戀》一文；不久石原皋自己撰寫《閑話胡適》，對胡適的家庭背景以及二三十年代的生活情況有所補充。

1990年台灣遠流出版公司受胡適兒子祖望的委托和胡適紀念館的授權，影印出版了他1921年至去世時的日記。日記中清楚記載他1923年夏與曹誠英在杭州同居，其後藕斷絲連，可見胡適生前不願公開這件事，卻不介意後人知道。

中國社科院的耿雲志、後來在南京大學執教的沈衛威、北京大學的歐陽哲生，以及1992年在紐約成立的胡適研究國際學會會長李又甯等，都不斷搜集關於胡適的資料，並鼓勵他的故舊發表回憶文和關於胡適的書信。

耿雲志編的影印《胡適遺稿及秘藏書信》共四十二卷，包括胡適1919至1922年的日程表和日記，於 1997 年面世，不但給研究中國文化史、思想史、學術史和政治史的學者提供了極大的方便，也令我們對胡適的印象改觀。

普林斯頓大學的周質平收羅了分散各地的胡適英文文章和演講稿，繼1995年編出三大冊的《胡適英文文存》後，2001年又完成《胡適未刊英文遺稿》。他在台北胡適紀念館發現了約兩百件胡適致韋蓮司的英文函件，估計韋蓮司必定有相應的信寄給胡適，果然在北京社科院找到了。這些信件表明他們兩人互相愛慕二十年後，終在1933年成爲情侶，後來情緣雖斷卻維持著友誼，至他去世後韋蓮司和江冬秀仍靠翻譯書信往來。周質平1998年發表了《胡適與韋蓮司：深情五十年》，又把一百七十五件胡適給韋蓮司的信譯成中文翌年出版。胡適在這些信中展現了他私底下另一面外，還吐露了不少對政治、學術等各方面不廣爲人知的看法。

2002 年《北京大學圖書館藏胡適未刊日記》出版，大家才知道胡適十四歲在上海澄衷學堂讀書時已開始寫日記。

安徽教育出版社2003年推出了冠季羨林之名爲主編，約兩千萬字四十四卷的《胡適全集》（注：仍然不全）；接著台北聯經把所有已知的胡適日記重新排版，連同索引於2005 年面世。

現在電腦文字整理電子網絡搜索的便捷，更有利於處理有關胡適生平浩如煙海的資料。這些資料，像挖不完的礦山，隨一條脈路挖掘到深處，往往發現和別的脈路是相通的，而卻另又有礦石散落在礦山之外。譬如余英時爲准備替《胡適日記全集》寫序，在日記中察覺他和後來成爲杜威第二任夫人的羅維茲有一段情，2004年發表了《赫貞江上之相思》；周質平向南伊利諾伊州大學的杜威研究中心索取胡適致羅維茲的信，又問社科院的耿雲志有沒有羅維茲致胡適的信，皆大有斬獲，沒料到他們通信互稱"小孩子"和"老頭子"；我在《北京大學圖書館藏胡適未刊日記》上，亦找到封羅維茲致胡適的電報，寥寥數字，說"小孩子"非常思念"老頭子"，胡適居然都保存下來了！我們翌年便發表了《多少貞江舊事：胡適與羅維茲Roberta Lowitz 關係索隱》，仿佛看到胡適微笑著向我們眨了個眼。考據功力足夠，才能看清楚他的"粘土腳"。

驚見偶像的"粘土腳"，失望之余，有些被騙似的怨怼，另也有點竊喜，因發現他同我們一樣是凡人！

坊間已有不少胡適傳，有些穿鑿附會胡說八道。也有從某一個角度評論胡適的，如羅志田《再造文明的嘗試：胡適傳(1891—1929)》很值一讀。真正要全面重構胡適一生的事迹，相信需要如江勇振這樣的學者，有舊學根底又明了西方思潮，對中美二十世紀上中葉的社會生態都相當熟悉，方能勝任。畢竟胡適一生約三分之一在美國度過，除孩提時代，所面對的問題大多和中西文化的碰撞有關。

2004年在美國亞洲研究協會的季刊上，曾刊發江勇振一篇頗具挑釁性的文章，標題爲《男性與自我的扮相：胡適的愛情、軀體與隱私觀》。江勇振寫這篇文章時也許已有替胡適作傳的意圖，如有的話，先探究胡適日記的可信度，看胡適夫子自道可不可靠，確是個好策略。此文原本

2001年在台北名爲"欲掩彌彰"的探討中國歷史文化中的"私"與"情"的研討會發表。江勇振當時認爲胡適保存的日記與書信可視爲他和男性友朋唱和的記錄，這唱和團提供了胡適一個空間，容許他用片語只字，挑逗地透露一些隱私，嵌入公衆領域。不知江勇振是否仍持此觀點，他也說研究胡適困難之一，就是有被淹沒的危險。誠然！誠然！現在看來胡適似不太怕後人知道他的隱私，倒要考考後進的挖掘功力和耐力；他存心要爲那個時代留下個眞實的記錄，憐惜自己羽毛的心態並非沒有，諱避的考慮之一可能是爲保護他人的隱私權。

爲胡適立傳，最棘手的問題是如何處理胡適糾纏不清的情感問題。雖然，如胡適1931年對陳衡哲說："Love只是人生一件事。"(陳衡哲駁道："這是因爲你是男子。")這些事卻牽涉到胡適的人品，敍述他的生平更是回避不了的。看樣子，江勇振《星星、月亮、太陽：胡適的情感世界》(新星出版社，2006)，就是交待胡適這方面的辦法，他寫的胡適傳第一部《璞玉成璧》裡有不少地方請讀者參閱此書。

我以花了七年方把韋蓮司的背景以及她和胡適的關系摸清楚的資格說話：江勇振撰寫《星星、月亮、太陽：胡適的情感世界》掌握到而運用自如的資料，確實令人歎爲觀止！不可避免地，仍有漏網之魚：如他說胡適 1946 年坐船回國發的信中，沒有韋蓮司的份；其實有的，相當長，而且結束語爲With love, as ever。書中有不少珍貴照片(有趣的是：處理文件極其小心的胡適，照片卻一般沒注人名和日期，遺留了一大堆我們現在很難辨認的照片。和當時很多人一樣,他大概沒意識到照片也是歷史資料)，標題爲胡適在韋蓮司高原路333號的房子前照的那一張——此棟房子尚在，絕不是那樣子。還有些臆斷略嫌證據不足，然近乎吹毛求疵了。

《璞玉成璧》最精彩處，是江勇振重構了時代背景(又稱"語境"或"脈絡")後，把某些細節勾畫出來，襯托胡適屬於異數或是有代表性的思想或舉動。

江勇振指胡適起初在澄衷學堂的英文讀本，是美國出版的Universal History，開卷說上帝七日創造世界，而且白人至上的意識非常高，導致胡適在班上發起換書的要求；但他出國前已深受兩本英文書的影響。一本也是澄衷學堂的課本 *The Citizen Reader*(《國民讀本》)，是英國讓小學生了解該國政府制度的，另一本是美國的初中教科書 *The True Citizen: How to Become One*(《怎樣成爲真國民》)，胡在《競業旬報》發表的文章不少借用這兩本書的內容。

江勇振敍述胡適和其他庚款留學生拖了辮子，浩浩蕩蕩地在舊金山上岸時，美國的排華風氣方興未艾，連孔祥熙和宋藹齡都受過刁難，但此群天之驕子到處受到優越的接待。

　　江勇振說一般人認爲胡適反宗教，他卻有一年半的時間幾乎成爲基督徒，所以對《聖經》很熟，後來雖成無神論者，甚至在留學期間就說服一個美國天主教神父脫離神職，但這絲毫無損他的宗教情懷，也不妨礙他敬佩耶穌的倫理道德教訓。同樣地，他對儒教或儒家也經過了一段宗教上的探求，對孔子"知其不可爲而爲之"的精神終身崇敬。這是很少人注意到的。

　　江勇振還注意到胡適很多方面在當時中國學生中是個異類。大部分留美學生政治上是保守的，一直到1912年春才開始支持革命，仍看不起孫中山而支持袁世凱；胡適不但很早便支持革命，而且非常反袁，到處投書中英文報刊批判袁世凱。他少年時代相當仇外，但到美國不久即反對狹義的民族主義，有個時期甚至反對軍備，認爲"以暴制暴，暴何能以？"最終將導致戰爭，後來他終身秉持國際仲裁主義。他反對歧視猶太人，曾爲維護黑人的權益挺身而出。他還贊成女子參政，對當時男子慣於譏諷的"博士派"的"老處女"，胡適在日記中說她們"未嘗不可爲良妻賢母耳"。

　　相比之下，在文藝方面，胡適則相當保守。他作的英文詩都是押韻的，不太喜歡英美"現代詩"；、：他涉獵西洋戲劇，獨鍾以文載道的"問題"劇，他的摯友韋蓮司從事抽象畫，他坦承不了解抽象藝術。

根據胡適在康奈爾和哥倫比亞大學選修的科目與他課內外的活動，江勇振斷定他的博士論文《先秦哲學史》雖在杜威門下寫，卻是中西考證學融合的結晶，回國後過了幾年，才開竅了解杜威實驗主義的真諦，是具說服力的。

　　然而，該書費很多篇幅討論胡適究竟師承哪一學派，進而臆斷胡適為何過了十年才交博士論文。胡適的留學日記我讀了數遍，印象是胡適並不在乎他屬哪一學派，深知他美國求學的時間有限，急著向每個老師攫取他之所需，像個海綿似的不斷吸收養料，何況老師們的觀點，包括杜威在內，也在演變中。

　　胡適1914年初日記上就說："今日吾國之急需，不在新奇之學說，高深之哲理，而在所以求學論事觀物經國之術。"胡適1915年剛做研究生時便有文章在英國皇家亞洲學會的權威刊物發表，他可能和同時的陳寅恪一樣，不太在乎學位，自信有真材實學便行：何況那時候回到中國，一個前清翰林大概比什麼洋博士都值錢。

　　《璞玉成璧》是策劃中五部胡適傳的第一部，涵蓋胡適生命中最單純、爭議最少的段落，卻已像一塊磚那麼厚大，不連前言在內洋洋652頁。他回國後牽涉的人事愈來愈廣，愈來愈複雜，牽連的文獻亦愈來愈多，令人擔憂這工程何年何月才能完成。很高興江勇振能用新的眼光審視胡適，替胡適研究帶來新氣象，可是寫胡適傳若存心要解構，則怕應了英語一句俗語："你手裡握著鐵錘，就到處看到釘子。"

站在讀者的立場，我們讀一本傳記，主要想知道傳主是怎樣一個人，他經歷了什麼事情，環境如何造就或挫折他，他本身又有什麼影響；作者的任務是有選擇性地把傳主一生的大事勾勒出來。此書可寫得緊湊些：作者與其他學者抬槓，只有專家才感興趣的爭執，不妨放到腳注裡；離題較遠的論證亦可在腳注提議讀者參閱某書。

胡適的傳，憑江勇振的視野，淵博的學問，敏銳的觀察力，若能站在前人的肩膀上把他能掌握的資料加以整合，已是傳世之作。

(原刊於《東方早報：上海書評》2011 年 6 月 26 日)

羅素的婚姻觀和胡適以及杜威

　　羅素、胡適與杜威和都是所謂的"公衆知識分子"，要探求放諸四海皆准的行爲規則，多少有以身作則的抱負：因此他們的感情世界以及婚姻觀，是値得我們關注的。他們的書信現在都公開了，我們發現他們私下交情匪淺，而且胡適與杜威對婚姻的態度似乎深受羅素的影響。

　　胡適 1921 年 6 月 30 日日記上有這麼一段記載：

　　　　晚八時，我與丁在君爲杜威一家，羅素先生與勃拉克女士餞行。羅素先生之前娶之夫人是一個很有學問的美國女子，羅素二十年前著 *The German Social Democracy* 時，於序中極誇許他，又附錄他的一篇文章。現在羅素把他丟了，此次與勃拉克女士同出遊，實行

92

同居的生活。他的夫人在英國法庭起訴，請求離婚，上月已判決離異了。 [1]

這個盛會除中英美三位當紅哲學家外，還有地質學家丁文江、語言學家趙元任，清遜帝的英文老師莊士敦，以及勃拉克一位康橋大學的女教授。當時胡適還不到30歲，他的博士指導老師杜威已經62歲：羅素亦年近半百，情人勃拉克則 27 歲。

羅素出身於英國貴族，父母親思想非常激進，是無神論者。據羅素晚年寫的自傳說，他父母發現長子的家庭教師有肺癆病，便勸他不要結婚，羅素的母親自動陪他睡覺。羅素出生不久，母親、父親與曾當首相的祖父相繼死亡，羅素由祖母撫養。他在富麗堂皇的莊園中成長，有成群的仆人服侍他，卻感非常孤獨，22歲便不顧家人激烈反對，和一個比他大五歲的美國女子結婚；七年後有一天正騎腳踏車時，突然覺悟不再愛這妻子了，要跟她分居，讓她傷心透頂。勃拉克是羅素第三位公開的情婦。二十世紀初英國部分貴族以敞開式的婚姻為傲，他首兩位情婦是有夫之婦。他自傳裡披露他那時期還有一個秘密情婦，是芝加哥一位名醫的女兒，瞞著她父母與羅素發生了關係，論及婚嫁。這女子以後到英國找他，羅素卻對她失去興趣，

1《胡適日記全集》(台北：聯經，2004) 3：152

這女孩竟然瘋了。[2]

　　勃拉克來自一個相當保守的中產家庭，但也主張敞開式的婚姻。在中國到處鼓吹戀愛自由。她和羅素一樣獨立特行，不在乎當時在華的大英僑民，特別是傳教士，對他們未婚同居投以譴責的眼光。羅素很詫異中國人竟那麼開放，不介意他帶了個如夫人來；他大概不明了有權勢的人三妻四妾，在中國自古便司空見慣。[3]

　　勃拉克懷了羅素的孩子，回英國後便和羅素結婚。勃拉克1927年出版《快樂的權利》一書，羅素1929出版《婚姻與道德》，各自闡明他們的戀愛與婚姻觀。勃拉克強調尋求歡樂是人的本性，被異性吸引是自然的，性壓抑造成各種暴力傾向；她呼籲讀者從基督教的禁欲教條解放出來。羅素則從社會進化觀點出發，說原始部落不明白性交和嬰兒的關聯，因此有母系社會。明白後，保護和贍養孩子的責任便落在個別父親的身上；為確保孩子是同一個父親的，嚴厲要求女人守節。現在節育方法通行了，各國政府已經以軍警制度接管保護孩子的責任，可望也逐漸接管撫養孩子的責任，讓女人得以性解放。他認為愛情應該是輕鬆無拘束的，若強求性愛只限在婚姻內發生簡直不人道，而年輕人性經驗愈多愈好，婚姻這制度只為確保孩子得以

2 Bertrand Russell, *Autobiography*，原版分三卷，1967，1968，1969 George Allen & Unwin 倫敦出版。參看 Routledge 2000 平裝合訂本，10-15，72，76-81，150，211-215，221-222，248-250。

3 同上，327，332，341-342，358，361，363-364。

養育，因此夫婦對婚外情應互相諒解。[4]

　　胡適 1921 年餞行宴後寫的日記顯然對羅素的婚姻態度不滿，認爲羅素做人不負責任。他也提倡"自由戀愛"，但他當時提倡的"自由戀愛"是婚姻自主而已。胡適在這方面本來相當保守。他十多歲未出國前在《競業旬報》寫了"婚姻篇"主張婚姻仍由父母作主，因父母畢竟閱世較深，但勸天下父母鄭重其事，最好和兒女斟酌。他在美國曾演講爲中國的婚制辯護，說在這種制度下，女子不必在擇偶市場求炫賣，而婚後夫妻皆知有相愛的義務，爲實際的需要往往發展爲真正的愛情。他雖然愛慕美國女友韋蓮司但沒向她示愛，僅限於在日記上寫情詩；而且向母親擔保一定要回國跟從沒謀面的未婚妻完婚，說："兒若別娶，於法律上爲罪人，於社會上爲敗類"。他1917年婚後雖對江冬秀不十分滿意，寫信給胡近仁說"吾之就此婚事，全爲吾母起見。今既婚矣，吾力求遷就。"但仍對江冬秀相當體貼，並堅持江冬秀到北京和他住在一起。寫給韋蓮司和她母親的信上，說他六年後將休假一年，准備帶妻子到美國拜訪他們。[5]

　　胡適這時期對女子與婚姻的看法，可在數篇文章內看得

4　Dora Russell, *The Right to be Happy* (New York and London: Harper & Brothers, 1927). Bertrand Russell, *Marriage and Morals* (London: George Allen & Unwin, 1929).

5　Susan Chan Egan and Chih-p'ing Chou, *A Pragmatist and His Free Spirit: The Half-Century Romance of Hu Shi & Edith Clifford Williams* (Hong Kong: The Chinese University Press, 2009)58，83-84，106，113-114，116-118，122-124.

很清楚：“易卜生主義”(1918作)提倡女子有自己的思想和人格。“美國的婦女”(1918)稱道美國婦女有“超於良妻賢母的人生觀”。“終身大事”(1919)是個鬧笑的短劇：田女士和陳先生戀愛多年，母親說他們兩人八字相克，父親則說田陳兩千五百年前是一家，不准他們結婚，結果女兒同意男友“此事只關系我們兩人”，跟他走了。“論女子爲強暴所汙”(1920)答復讀者問女子曾被土匪奸汙是否應當自殺？胡適說這女子的生理損失正如手指頭被毒蛇咬了一口，若有人敢打破“處女迷信”娶她，應受人敬重。[6]

此間也可看出胡適的觀點逐漸轉移：他1918年寫“貞操問題”時，抨擊替未婚夫守節和殉烈的風俗，說其實丈夫對妻子也應有貞操的態度，如男子嫖妓納妾，社會上應該用對待婦女不貞的態度對待他：社會既不懲男子不守貞操，便不該提倡女子守貞操。到了1919年寫“論貞操問題——答藍志先”時，則強調夫婦的關系若沒有一種真摯的異性愛，那麼共同生活便成痛苦，名份觀念變成虛僞的招牌，不如離婚。[7]

胡適1921年後不再發表任何對婚姻的言論，他對婚姻態度的急劇轉變，主要表現在他的私生活上，這一點在他去世二十多年後，日記與書信在中國大陸和台灣陸續出版，才公諸於世。根據這些書信和日記，我們知道胡適1923年

6 《胡適文存》(原版上海：亞東圖書館，1921)，參看台北：遠東圖書公司，1953版 1：629-647，1：648-664，1：685-686，1：813-827。
7 同上，1：665-675，1：676-684。

和他三嫂的妹妹曹誠英發生婚外情：曹誠英婚後三年不育，夫家要爲他丈夫納妾，兩人離婚，胡適由憐惜生愛不能自拔。他1927年到了美國向韋蓮司示愛，讓她感到突兀，1933年兩人終於成爲情人；接著他和後來成爲杜威第二任夫人的羅維茲發生關系，後來又曾在紐約與照顧他的護士同居。[8]

胡適和曹誠英 1923 年在煙霞洞同居，徐志摩是很清楚的，曾一起泛舟遊西湖，曹誠英還借了別人的房子主廚請吃徽州菜。從徐志摩致胡適的信，我們看到他次年爲胡適到杭州找曹誠英。這幾個月間胡適頻頻和曹誠英通信，情緒非常惡劣，還與她的前夫在天津相會，看來她懷了孕墮胎的傳說是准確的。不久徐志摩愛上陸小曼，本要請胡適證婚，胡適被羅素推薦參加英國庚款委員會到英國開會，才改了梁啟超證婚。徐志摩與陸小曼婚後不和，對胡適心理打擊很大，他1928年日記上說"志摩殊可憐"。[9]徐志摩1931年飛機失事死亡後，胡適作了一篇沈痛的"追憶志摩"替他離婚辯護，說他有勇氣追求理想。[10]

胡適對婚姻的態度爲何轉變相信他自己也說不清。他母親1918年去世，少了一層束縛也許是個因素。胡適原本

8 *A Pragmatist and His Free Spirit*, 147-166, 200-210, 227-248, 291-293, 341-354.

9 《胡適日記全集》4：208-211,4：128-137，4：228-234，4：247-248，4：256-257, 4：262-264, 5：168。《胡適書信集》(北京大學出版社,1996)1：377-378；韓石山編《徐志摩書信集》(天津人民出版社，2006) 224. *Autobiography*, 366。

10 《胡適文集》(北京：人民文學出版社，1998) 2：505-513。

要江冬秀在到北京多受教育，怎知她對讀書根本沒興趣，兩人除家庭瑣事外沒有共同語言，是讓胡適相當失望的。不久胡適留美好友趙元任回國花了兩千元"教育費"便解除了長輩替他辦的婚約，和他心儀的女子結婚，必定讓胡適羨慕不已。[11]

胡適是不要兒子的，長子祖望1919年出生時他作了首詩說"我實在不要兒子，兒子自己來了"；[12]胡頌平在《胡適先生晚年談話錄》裡披露胡適說祖望出生後，江冬秀墮過胎，危及性命；[13]但女兒次子1920年、1921年接踵而來，可見喜愛孩子的江冬秀避孕不力，有這種顧慮，很難想像他們夫婦能再享受閨房之樂。然而，說不定胡適亦受了羅素和勃拉克的影響，他對羅素拋棄髮妻和年輕女友同居雖有微詞，但以後仍互通音訊，他們那種說之成理毫無禁忌的"自由戀愛"，對男人無疑有特別難以抗拒的吸引力。

諷刺的是，羅素和勃拉克相繼出書鼓吹理性婚姻後，自己的婚姻沒幾年便瓦解了。他們生了一個兒子和一個女兒，各有無數的情人，也不斷互相打翻醋瓶子，羅素因無法忍受勃拉克跟另一個男人生了兩個孩子提出離婚，隨即與更年輕更漂亮的第三任太太結婚。婚後彼此又頻頻有外遇，終鬧得不可開交，這太太出走索取了龐大的贍養費，還從此阻止他

---

11 趙元任《從家鄉到美國：趙元任早年回憶》(上海：學林出版社，1997) 89，163。
12 胡適《嘗試集》(原版上海：亞東圖書館，1920)，看台北：远流出版社，1956版，117-118。
13 胡頌平《胡適先生晚年談話錄》(台北：聯經，1984) 24-25。

們生的兒子與羅素接觸，羅素到臨終幾年才有機會再見到次子。以後羅素的長子與大媳婦仍實行敞開的婚姻，結果媳婦出走兒子發瘋。他寫自傳時承認他早年對婚姻的看法顯然不能成立，他對婚姻已經無任何定論。[14]

羅素以98高壽1970年逝世幾年後，女兒出了本書叫《我的父親羅素》，敘述她恐惶無措的成長過程，母親離婚後怎樣怨怼無助。她重讀父親關於婚姻以及追求快樂的書，認爲羅素雖標榜理性，卻充滿烏托邦式的理想。她說這也許是無可奈何的，她父親一生追求完美，包括要和最完美的女人有最完美的關係。有人曾問她父親抛棄那麼多女子是否有點缺德。羅素振振有辭答道："什麼話？她們也可另找別的男人呀！"但她仍很敬仰他的父親，尤其佩服他爲原則堅持奮鬥的勇氣。[15]

羅素第一任太太是貴格（Quakers 也叫 Friends），他80歲時又跟另一位美國貴格結婚，自詡這最後的婚姻是最美滿的。[16]貴格是基督教新教比較極端的派系，認爲任何宗教儀式都不需要，各人心中自有靈光，人人有義務而且有權利依照自己心中的靈光行事，才對得起自己對得起神，誰也不

14 *Autobiography*, 391, 429-432, 562. Nicholas Griffin ed., *The Selected Letters of Bertrand Russell: The Public Years, 1914-1970* (London and New York Routledge, 2001) 294-330,431-437,456,471,502-504,623-624.

15 Katherine Tait, *My Father Bertrand Russell* (New York and London: Harcourt Brace Jovanovich 1975).

16 *Autobiography*, 557-559.

必勉強誰。因此貴格聚會沒有牧師講道，有什麼人受感動即可說話。貴格很早便反奴隸制度，主張男女平等，一向反戰，崇尚儉樸的生活。羅素第一和最後的太太都從貴格教會辦的布林茅爾學院畢業，且後者在該校執教多年；她的摯友康納里，該校的文學教授，可能是惟一和羅素維持純真友誼的女人，魚雁往來超越半世紀。[17]羅素被這些女子吸引，相信與她們平和簡樸的貴格氣質有關。貴格主張依照自己的靈光行事，更是中了羅素的胃口；然而他不能忍受第一任太太嚴於律己的一面。

　　平心而論，羅素早年的婚姻觀的確有不少缺點：人無論如何開通，總免不有私心，對婚姻注入那麼大的"投資"，很難捨得和他人共享；何況戀愛中向對方暴露了自己最脆弱最隱私的一面，肯讓第三者插入嗎？羅素對自己的嫉妒心非常困惑，一直不解。再者，要實施敞開的婚姻制，最好男女雙方有同等的經濟能力，不必傷感情地處處考慮到錢，而且各方明白是怎樣一回事，才不會造成悲劇。大英帝國鼎盛期的貴族具備這些條件，是比較特殊的，羅素對自己特殊的身份渾然不覺，算是他天真可愛之處吧！婚姻若不設立明晰的規則，女方終吃虧，尤其在男女不平等的社會裡，青春美貌是女人唯一的籌碼，上了年紀便沒了。傳統倫理對妻子和做母親的女人多少有點保障，因而中國舊社會裡，女人拼死也要爭個名份，有了名份生活和地位才有些保障。怎讓孩子不

17　*Autobiography*,，538，557，167-190，285-285，528-534. Selected Letters，445。

受創傷又是另一個問題。

　　比起羅素，胡適對他身邊的眾女子算是有情有義的。胡適後來幫曹誠英到康奈爾讀農業碩士；他其他的情婦都是閱世頗深，與他旗鼓相當，有自主能力的女子，而羅維茲和護士都是女方主動，沒有釀成悲劇，只是自家孩子受冷落了。胡適從來沒有推诿撫養江冬秀的責任，總想辦法讓她過得舒服點，舊式婚姻如此大概也算得過了。

　　杜威本來是個循規蹈矩的老實人。1917年妻子在歐洲時，有個波蘭猶太女作家到他辦公室請他幫忙謀求職位，兩人相愛，杜威寫了些情詩，但終於臨崖勒馬，來把情詩要回，扔到廢紙簍卻被一位學生撿回，杜威逝世後才發表。他把詩要回來也太遲了，因這作家已經抄錄了數首，把杜威寫到她的小說裡，不過在他生前沒有把事情說穿。有一首題爲"兩星期"的詩是這樣寫的：

> 是財富或産物束縛了我嗎? 不，
> 你並沒猜對
> 是隨我成長逐漸飽滿的系帶
> 擁住我。[18]

---

18 參看 Jay Martin, *The Education of John Dewey* (New York: Columbia University Press, 2002) 287-293. Mary V. Dearborn, *Love in the Promised Land: The Story of Anzia Yezierska and John Dewey* (New York The Free Press, 1988).

這與胡適1917年的詩句"情願不自由，也是自由了"以及1936年寫給徐芳的"無心肝的月亮"裡"孩子，你要可憐他，——／可憐他跳不出他的軌道。"有異曲同工之妙。[19]

羅素在北京時大病一場，英國僑民都不理他，杜威到醫院陪他，還安排勃拉克到他家住。1940年羅素帶了第三任太太和自己兩個孩子到美國，要在紐約市立大學講學，保守人士抨擊他十年前寫了本傷風害俗的《婚姻與道德》，聘書撤銷了，別的學校也不敢請他。當時歐戰已爆發，羅素回不了英國，杜威不但挺身爲他力辯，又說服他一位富有的朋友以重金聘羅素爲他基金會的顧問，羅素一家才不至斷炊。[20]

有趣的是杜威似乎也受了羅素的婚姻觀影響，至少在行動上對婚姻采取了和羅素相似的態度。杜威的妻子1927去世約十年後，又有個女子到他辦公室請他幫忙謀求職位，就是羅維茲。杜威1937年起便常和她一起度假，不在乎她有個未婚夫在非州做事。羅維茲和胡適相好，杜威似知道也不在乎。羅維茲婚後不久丈夫便逝世，杜威和她重續前緣，1946年她要領養兩個加拿大孤兒，終於說服了87歲的杜威和她結婚。[21]

《胡適先生晚年談話錄》記載胡適1961年在醫院養病

19 《胡適文集》1：181，1：402-403，見耿雲志"戀情與理性——讀徐芳給胡適的信"(《近代中國》147期，128-157)。

20 *Autobiography*，359，461-463，477-478.，*Selected Letters*，376-378，*The Education of John Dewey*, 442-449。

21 *A Pragmatist and His Free Spirit*，291-293。

時，和胡頌平談起學者的壽命，提及活到92歲的杜威，胡適相當羨慕地說："杜威先生第一次的太太是患神經分裂病，躺在床上醫了幾年才死的。第二次結婚，是他的一位朋友的女兒，年紀輕，也很有錢。這位太太招呼好：夏天，陪他到涼爽的地方去避暑；冬天，陪他到暖和的地方去過冬。"[22]

羅維茲招呼杜威也許的確好，但胡適不知道她和杜威結婚後，便把他和前妻的兒女及比較親近的朋友隔離起來；杜威過世那天，她呼喚醫生來宣布他死亡後，即把遺體搬到車上自己開車運去火化，不讓任何人有置啄的余地。遺囑宣讀時，前妻的兒女發現他們本來要承襲的財産全歸羅維茲，說是杜威四個月前立的遺書而且僅是副本。他們為不願有損杜威名譽才決定不起訴。羅維茲撒謊成性，告訴人她小時曾在中國住過，說第一任丈夫死後才和父母的朋友杜威聯絡上，又說領養的孩子是比利時的戰爭孤兒。替杜威立傳的學者都照單全收了，直到近年來杜威的書信遺稿可電子查閱，方才真相大白。[23]

胡適晚年居紐約時，唐德剛常到他的寓所，在《胡適雜憶》裡說看不出他們老夫老妻有任何不調和或不尋常之處，斷言胡適是位膽小君子，對他的婚姻想出一套足以自慰的哲學，因此能與江冬秀這小腳村姑恩愛地過一輩子，稱他為中國傳統的農業社會裡，"三從四德"的婚姻制度

22 《胡適先生晚年談話錄》(台北：聯經，1984) 256。
23 *A Pragmatist and His Free Spirit*，293，485-486。

中，最後一位"福人"。[24]現在看來，胡適對妻子不忠，卻可
從來不必擔心江冬秀有外遇，說他是位"福人"一點不錯！

(原刊於台北《傳記文學》2011 年 9 月號；
《東方早報：上海書評》2011 年 12 月 3 日版沒有腳註)

---

24 唐德剛《胡適雜憶》(台北：傳記文學出版社 ，1979) 287。

徐新六的儿子徐大春、胡適的護士与情人 Virginia Davis Hartman，胡適、儿子胡祖望，1941年摄於华府中國大使館。中国社會科學院近代史研究所藏，胡適紀念館授權使用

羅维兹与杜威，1939摄於佛羅里达州。此時羅维兹已和一位在非洲工作的工程师訂了婚，同時又和胡適发生關係。她後來向替杜威作傳的學者宣稱她在前夫1941年去世后才和父母的友人杜威聯絡上的。南伊利諾伊州大學杜威中心藏。Courtesy of The Center for Dewey Studies at Southern Illinois University, Carbondale, Illinois

洪業怎樣寫杜甫

今年是杜甫誕生一千三百年，上海古籍出版社去年年尾隆重推出《杜甫：中國最偉大的詩人》的中譯本，原著是哈佛大學1952年出版的，作者洪業。今年6月2日的《上海書評》刊登了陳引馳的評介文章《杜甫傳，就是一部"詩傳"》。我不懂詩詞，更不是史學家，這裡僅對洪業作此書的來龍去脈做點交待，並談些讀後感。

說來慚愧，我1980年代寫《洪業傳》（哈佛大學，1987；台北聯經，1992；北京大學，1995，商務印書館，2013)的時候，洪業的學術論文我都囫圇吞棗地翻了一遍，惟獨他用英文寫的《杜甫：中國最偉大的詩人》沒讀，只投機取巧地看了他送我的薄薄一本《我怎樣寫杜甫》（香港南天書局，1968)以及收在《洪業論學集》（中華書局，1981)的《杜詩引得序》

與《再說杜甫》。

此書是洪業唯一的學術專著，在洪業生命中占很大的分量，我在《洪業傳》中硬著頭皮作了些評論。當時為免鬧笑話，曾請替此書寫書評的德高望重的楊聯陞先生過目，楊先生沒有異議。洪業曾寫過一首詩譏笑郭沫若，因郭沫若在《李白與杜甫》(人民文學，1971)中說杜甫拒絕做河西衛是不願去窮鄉僻壤，挑肥揀瘦，洪業說郭沫若把地理搞錯了，其實杜甫時代河西縣離京兆只五十公裡。洪業臆想杜甫推辭的原因是該職位主要任務是杖打犯人。詩的頭兩句說：

少陵不作河西衛，總為淒涼惡榜苔。

何把近畿移遠地，遽揮刀筆肆誅夷。

楊先生對我含笑補充了一點，說依唐朝規矩，河西衛本身也會受杖。

原著為何讓我望而生畏呢？主要是洪業引了大量中文資料，而這些人名地名書名用英文字母音譯，我翻了數頁便如墮入迷魂陣，沒法讀下去。這本書不是沒有漢字對照表，但美國學術書一直到上世紀七十年代才有漢字。洪業想了個法子，把一千多個中文名詞排列成個表格，縮印成兩頁附錄在第二冊書後。這些蠅頭小字非但難看得清，而且用起來非常不方便。

　　對英語讀者來說，閱讀關於中國的文章最大的障礙就是難把人名弄清楚。我們怎麼記得人名呢？主要靠各種聯想。看到金聖歎這名字，馬上就想起其他姓金的，同時覺得這名字好玩，歎息這種口腔動作怎麼跟聖賢攀上關系？如果曾聽說金聖歎是大學者，又死得那麼壯烈，敬愛之心必油然而生；若讀過他的詩文，更會感覺遇到老朋友一樣，數頁後再見這名字，必定知道是指同一個人。同樣的，在英文書上讀到John Stuart Mill這樣的名字也會引發一連串聯想。首先知道他大概是英國或美國人，取名耶穌十二個門徒之一的約翰，如是法國人會叫Jean，德國人會叫Johann，北歐叫Jan，南歐或拉丁美洲叫Juan。因mill是磨坊的意思，就揣測他祖先做這種生意；若曾聽說他是自由派的哲學家和政治家，對他就會肅然起敬或頓然心有戒備。可是金聖歎譯成 Chin Sheng-t'an 或 Jin Shengtan 就成了三個沒意義的音節，面目模糊，不知高矮肥瘦，連男女都不可分辨。要是遇上一大堆四音不分用羅馬字拼成的陌生中文名字，則容易趙錢孫李、張陳曾程都攬在一起，除非記憶性過人或原本對這些人物熟悉的讀者，才看得懂。本人才疏學陋，唐代文學歷史更是外行，看糊塗就不足奇了。

　　不料洪先生作此書過了一甲子後，隔代遇知音。曾祥波2008年訪問威斯康辛大學，觀覽漢學著作時發現此書，立意把它譯爲中文，我才有能力卒讀，頗有相見恨晚之歎。

洪業創辦的哈佛燕京學社引得編纂處出版了一系列參考書，把中國最重要的經書史籍有系統地用現代眼光重新估評，加了標點符號重新校刊，並編引得(索引)，是二十世紀上半葉學術界很重要的里程碑。這系列中唯一純文藝的作品是《杜詩引得》，而且是每字都有索引的"堪靠燈"(concordance)，這當然和洪業自己的愛好有關。

洪業十四歲時，父親送他一本《杜詩鏡銓》，說不但杜甫如何作詩可學，杜甫如何做人也可學。於是他把杜甫一千四百多首詩和三十多篇文逐句讀完，但覺得難懂，不如李白、白居易有趣。他父親就告訴他："讀杜詩好像吃橄欖，時間愈長愈好，愈咀嚼愈有味。"洪業以後對人世的酸甜苦辣嘗多了，對杜詩有了新的領會，便漸漸收羅杜集，發現有不少版本的問題、杜詩編排先後的問題和注釋的問題。《杜詩引得》的長序是洪業自己寫的，解決了許多這種問題。

杜甫的詩句終身伴隨著洪業。1942年當他與鄧之誠、張東蓀、陸志韋、趙紫宸等燕京教授被日軍關入監牢四個多月時，日夜縈繞在他心頭的是安祿山之亂時杜甫那些斷腸語，如"國破山河在，城春草木深"、"泱泱泥汙人，猖猖國多狗"、"不眠憂戰伐，無力正乾坤"、"誰能叫帝閽，胡行速如鬼"。有一次他在洗澡池旁與鄧之誠相逢，鄧問他有何感想，他慨然道："今朝漢社稷，新數中興年。"

洪業情緒激動時，杜甫的詩句往往脫口而出。他晚年致力於《史通》，要把每句的來歷都找出來，以確定劉知幾用了哪些書。我有一次問他進度如何，他說快好了，完成後就不做學問專心作詩，說："作詩像生孩子一樣，還沒生出來很痛苦，一生出來就很痛快。杜甫有句'新詩改罷自長吟'，我就喜歡這樣。"

　　1979 年，中國社會科學院的王仲殊及徐蘋芳到哈佛講漢代出土文物，他們是中國改革開放後差不多最早出國的學者。當時外子朗諾在哈佛執教，有數場講演當翻譯，我們請他們兩位以及洪業吃晚飯。徐蘋芳恰好帶了洪業學生翁獨健的信給他，洪業高興極了，親自下我們廚房做了一道他拿手的豆豉炒龍蝦，又迫不及待地問某某人、某某人在"四人幫"時怎麼樣。兩位遠客或說自殺了，或說打入牛棚，或說還好沒受干擾；但所問的人差不多都過世了。洪業歎說："杜甫有句詩說'訪舊半爲鬼'，我現在是'相知多爲鬼'。"他翌年八十七歲也去世了。

　　像我這樣對中國文史有點根基的人還是看不下去，那麼洪業這本英文書究竟寫給誰看呢？我猜他此書本來是要用中文寫的。

　　洪業在的"引論"裡說他心目中的讀者是非漢學專家的普通學者，說漢學家自然要從中文入手欣賞杜甫。不過他提出些新假說，有些漢學家也許會感興趣，於是作了些注釋放在第二冊。然而，他在書前短短的"自敘"中，卻有點抱怨完稿兩年後才遲遲獲得刊印，言下表示哈佛出版社本來怕普通學者看不懂，不太願出此書，於是哈佛主持東亞教學的俄人葉理綏建議他把書分成兩卷，第一本專講杜甫的生平和著作，冗長的注釋及其他枝枝葉葉全放在第二冊，另行銷售。"注釋"分開銷售的書可真罕有。

洪業寫這本書的動機是非常複雜的。照"自敘"說，起因是他1947至1948年在哈佛和耶魯大學講杜甫時，聽者鼓勵他寫本書介紹這位中國詩人。如果洪業的動機僅僅為增進西方人對中國文化的了解，大可寫一本很通俗的書。他年輕時在哥倫比亞大學修完碩士後，曾數年以演講為業，對象是美國普羅大眾，異常成功。當時司徒雷登在北京海淀剛買了一塊地，要為燕大建新校舍，正看中洪業輕易和各方人士溝通的能力，請他幫燕大在美國募款。我猜他寫此書，有幾成是希望在美國奠定他的學術地位，希望能在美國大學找到份工作。

洪業雖贊同共產黨人人平等的理想，卻反對以階級鬥爭為手段，深知像他這樣儒家信念根深蒂固的基督徒，在新政權下不會有立錐之地。可是上世紀五十年代初美國幾乎沒有漢學可言，除了些歸國傳教士子弟和哈佛燕京學社培養的幾位年輕學人外，幾乎沒人對中國文化有較深的了解，何況當時白人種族成見仍深，研究中國文化而能在美國大學立足的華人，大概只數趙元任和楊聯陞。(我印象中連楊聯陞在哈佛都有人微言輕之感，也許只有趙元任在加州大學覺得愜意。)洪業雖對創辦哈佛燕京學社有功，又在歐洲漢學界頗有聲譽，但沒有博士學位，不久也知難而退，用退休金在哈佛附近買了棟房子，靠收房租和社會福利金過日子。

洪業開始寫此書時可能針對美國普通學者，但開了頭便情不自禁，半個世紀研究杜甫的心得傾盤而出。他對我說他"火候"夠了，因他：第一，得利於錢謙益等前人的努力；第二，掌握了引得圖表等工具；第三，閱過西方學者的翻譯討論，這些外國學人雖因語言隔閡常犯可笑的錯誤，但因不受中國傳統思想的拘束，常有新的啟發。

《杜甫：中國最偉大的詩人》原著雖普通人沒法卒讀，但至今仍被歐美及日本研究杜甫的學者奉爲圭臬。

正如洪業在"引論"說的，中國詩詞和西方詩歌相比，最顯著的特點是其篇幅短，代詞和連接詞總被省略，一兩個詞常代表一個典故，而典故後面是複雜的思考，像電報；我們若對詩人的處境和心情不了解就很難把詩看懂。偏偏杜甫生前不顯達，他死後四十多年，淪爲乞丐的孫子才把他的棺材運回家鄉，請元稹寫的墓誌銘很簡略且有錯誤。《舊唐書》說杜甫有集六十卷，杜甫死後二百七十年王洙爲他校編全集的時候，只剩二十卷了。因此要了解杜甫的生平，只得按有限的文獻和現存杜詩的內容，七拼八湊地重構。杜甫死後約三百年，知蘇州的王琪因公庫短缺，將家藏的《杜集》鏤版印一萬本全部賣光，可見北宋末杜詩已很受歡迎。後來竟出現不少僞杜詩，還有假托蘇東坡做的偽杜詩注釋，摻雜在各種杜集裡，到清代才被錢謙益、仇兆鰲、蒲起龍等考證家糾正。洪先生掌握了唐代歷史地理經濟政治的資料，大半生研讀杜甫而素有考據癖的他，替我們爬梳了杜甫一生的事迹，爲解讀杜詩提供了無數可貴的線索。

我們都知道，杜甫是個極富同情心的人。他寫新安吏捉人充軍，"肥男有母送，瘦男獨伶俜"；夏天乘涼，則叨念當兵的連洗澡都成問題，"念彼荷戈氏，窮年守邊疆。何由一洗濯，執熱互相望"；是否能生還更難說了，"君不見，青海頭，古來白骨無人收"。他寫夔州負荊賣薪的女人，"筋力登危集市門，死生射利兼鹽井"，也寫被丈夫遺棄的佳人，"但見新人笑，那聞舊人哭"；自己的茅屋被秋風吹破，便想"安得廣廈千萬間，大庇天下寒士俱歡顏"。我們印象中的杜甫自己也很可憐，老帶著窮酸味，"朝扣富兒門，暮隨肥馬塵。殘杯與冷炙，到處潛悲辛"。然而洪業提出很有說服力的證據，說杜甫年輕時家庭很富裕，足足有能力讓他衣輕裘策肥馬到處觀光和射獵。他雖沒通過進士考試——可能因文章作得太晦澀——但父親死了，他大可靠蔭補方式做官，他卻把特權讓給了同父異母的弟弟。

洪業實在太喜歡杜甫了，我在《洪業傳》中說他可能潛意識裡把杜甫和自己心愛的父親混爲一體。因爲喜歡杜甫，所以特別能領會杜甫的詩文。也因爲他喜歡杜甫，總爲杜甫設身處地著想，失去了一份作傳人應與傳主間保持的距離，漢學家一向認爲這是《杜甫：中國最偉大的詩人》的瑕疵。

把莎士比亞、塞繆爾·約翰遜和馬克·吐溫的語言，轉換爲司馬遷、顧炎武和魯迅的語言，殊爲不易。這是部巨大的工程。曾祥波把書中旁征博引浩瀚的材料，全追根溯源，讓中國的人名官銜地名書名恢複原貌，有些洪業一筆帶過的詩句則斟酌直接引述以便利讀者；他又把原著第二冊解釋洪業創見的內容當腳注，而且以"譯者按"的方式替讀者解釋一些西方資料。譯者顯然是位學問淵博對杜甫研究涉獵很深的學者，不然絕不能勝任。

譯得很好，時有神來之筆，達到讀來不覺得在看翻譯文字的地步。只有幾處不甚恰當，集中在前面的"引論"。如第8頁interpretive guidance 譯爲"就引言凡例論"，應是"幫助讀者解讀詩文方面"。洪業在"引論"裡(套他在《我怎樣寫杜甫》的話說)打洋鬼，譯者對他的所指有時也許不甚清楚，比較容易犯錯，但往往只是語氣輕重之別，無大礙。

譯本附錄了洪業 1940 年的《杜詩引得序》，1962 年原在南洋商報登載的《我怎樣寫杜甫》；1974年清華學報刊登的《再說杜甫》，可謂囊括了洪業畢生研究杜甫的精華。

我提議普通讀者由淺入深。先翻翻附錄三白話寫的《我怎樣寫杜甫》和附錄四《再說杜甫》，了解洪業研究杜甫的經過以及他遇到的難題；再看書後曾祥波的"代譯後記"和"補記"，知道譯者對此書的態度以及現在看來洪業一些看法的不妥之處。方向搞定了，跳到第一章讀起。這不是本可匆忙看完的書，而是放在枕邊閑來拿起像嚼橄欖地讀幾段的書，或放在案頭參考的書。

至於洪業打洋鬼的"引論"與他打漢鬼的附錄二《杜詩引得序》，則可留給專家看，後者主要討論各種版本。洪業做引得時只見到元代的殘本，聽說有北宋王琪的孤本尚在，但沒看到。他雖對錢謙益的學問非常欽佩，但《序》裡舉了十個原因質疑錢謙益持有南宋"吳若本"。1957年商務印書館的《宋本杜工部集》出來了，是北宋王琪和南宋"吳若本"有刻的也有抄的殘本，合起來配補而影印的。九十一歲的張元濟作了篇長跋，內說："近人之疑吳若本爲烏有，而深譏虞山之作僞者，觀此亦可冰釋。"洪業在《我怎樣寫杜甫》裡說："高年劭德不忍明斥晚後，可感激。"他修改了先前一些看法，但仍覺得不老實的錢謙益有篡改之嫌。我們享受洪先生悉心做的"足夠火候"的盛宴，沒有必要一定到廚房觀察，不是嗎？

可惜中譯本讀者沒法享受洪先生對個別杜詩的解讀。中譯本中杜詩自然用原文，但洪業英譯時把杜甫省略的代詞和連接詞都補上了，又解釋了詩裡的典故或沒有言明的內涵，這樣一來，固然犧牲了原詩的韻味，卻把意思說明白了。讀者有機會有興趣的話不妨把原著和中譯本對照著看。中譯本在每頁的欄邊空白處標明原著的頁數，方便讀者對照。對照著看另有個好處，許多中國古名稱，譯成現代英文反而更清楚，譬如黃粱是小米，吐蕃部落是藏人，交河是今天地圖上的吐魯番，司功參軍是管一州教育的。各種植物和官職，我看了英譯才恍然大悟。

　　洪業的父親在山東做縣令時，常和朋友聚集玩一種叫"詩鍾"的遊戲。事前准備和控制時間的任務便派十來歲的洪業做。據洪業回憶，客人沒到前他就在桌子上擱好文房四寶和有關典故的參考書，然後在相對的牆上貼了紙，一邊寫七個平聲字，另一邊七個仄聲字，寫好一條一條從下面把它卷上來，沾點漿糊貼起。詩鍾開始了，洪業即請客人在一邊牆上貼的紙中隨便挑一張揭開，又請另一客人在對面牆上貼的紙張中挑一張，大家見到兩個平仄相對的字就開始作詩。約二十分鍾左右，洪業搖鈴，大家便得放下筆來。洪業把聯子都收到小籃子裡，輪流分派給各人看。各人把他認爲好的詩抄下來，有的給一兩個銅板，真好的給五個銅板，最多七個。在面前小單子上標明哪首詩給多少銅板。篩選後頭一個人便高聲朗誦他選的對子，作者就站起來，鞠個躬跑過去收銅板，有時剛有人讀了上一句，別人便和聲讀下一句，因爲他們也取了那首詩。那作者就得意了，圍桌子跑一圈，一邊跑一邊收銅板，大家拍手恭喜他。我們可以想象，洪業這時期不但學到寫詩填詞的要訣，也吸收了人情世故和官場潛規矩。洪業在這些父輩身上體驗到傳統讀書人的無奈，無疑增進了他日後對杜甫的同情與了解。

轉眼洪業替父輩玩詩鐘管搖鈴已過了一個世紀，其間中國經歷無數驚天動地的變化，我們回首他耳詳目熟的那時代，真覺"恍如隔世"。中國現在很大程度上跟洪業上世紀五十年代寫《杜甫：中國最偉大的詩人》時的西方世界更相似。因此許多他向西方人不厭其煩地解釋的事物，如中國傳統官僚制度、大家庭習俗、文人喝酒的意識形態等，相信對一般中文讀者來說都相當隔閡了，讀了亦會獲益。看了此書，可透過杜甫的生平重新認識唐代，尤其是玄宗(明皇)那既輝煌燦爛又充滿悲劇的一段，則是另一個額外的收獲。

(原刊於《東方早報:上海書評》2012 年 10 月 28 日)

1927年洪業全家福，攝於北京

前排为洪業（中）和来
訪的中国社科院考古學
家徐萍芳（前排左）与
王仲殊（右），後排为
蒙古學家柯立夫与筆者
丈夫艾朗諾，1979年於
麻州劍橋艾家

右起：張立青（梅維恒Victor Mair夫人）、何謙、葉嘉瑩、艾朗諾、洪業、齊文穎（洪業先生學生齊思和的女儿）、筆者女儿、李卉（張光直夫人）、周杉、Beatrice Spade、朱虹。洪業去世四个月前，1980年7月摄於麻州劍橋艾家。

《洪業傳》出版以後

　　《洪業傳》英文原版出書二十五年後，哈佛大學仍繼續銷售，中文版卻多年買不到了。我有篇關於趙元任、胡適與韋蓮司的文章在《上海書評》(2009年12月13日)發表，讀者饒佳榮先生寫評語投報惋惜北大出的《洪業傳》在國內已絕版，並自告奮勇和商務印書館聯絡籌備再版，讓更多的讀者有機會認識這位有趣、有守、有爲，對中國現代史學有甚大影響的洪煨蓮先生，真令人高興！

　　生長在菲律賓華人社會的我到西雅圖華盛頓大學念書時，和迷上中國文化的同學艾朗諾結了婚。朗諾1971年到哈佛讀研究院，我便跟他到麻州劍橋找工作。朗諾博士論文寫《左傳》，住在附近的洪業是《左傳》權威，成了朗諾的非正式導師，也成了我們共同的朋友。我也因緣際會成了"漢學"界的"票友"。

洪業曾當燕京大學教務長，是哈佛燕京學社的創辦人之一，學問有口皆碑，他主持編撰十三經以及其他重要古籍的引得(即索引)，讓沒有爛讀古書的人亦可言之有據，在中國學術史上是很重要的突破。他又訓練了一大批出色的史學家：齊思和、瞿同祖、周一良、王伊同、杜洽、聶崇岐、馮家升、翁獨健、杜聯喆、王鍾翰、鄭德坤、陳觀勝、侯仁之、譚其驤、朱士嘉、張天澤、鄧嗣禹都是他的學生。然而他戰後決定在劍橋定居，哈佛大學並沒有給他正式的職位，他買了棟房子靠收房租和微薄的社會福利金度日。

與他同時代許多精英分子一樣，洪業受過傳統私塾教育再上新學堂。中學畢業時父親在山東曲阜當知縣，他決定到上海投考海軍學校報國，在青島上船遇到大風浪誤了考期，舉棋不定時，同鄉商務印書館的總編輯高夢旦勸他回福州，上教會辦的英華學院以便日後辦外交。不料洪業在學校皈依了基督教，曾有一度要做牧師。他1915年到美國留學，和陳鶴琴、塗羽卿、劉廷芳等數位基督徒組織了個"兄弟會"，口號是"聯合起來振興中國"，會員有後來成外交家的蔣廷黻、成南開大學校長的張伯苓、清華大學校長的周诒春、上海紡織公司創辦人聶其傑等。這"兄弟會"和早些年留美中國學生另一個也恰巧主張"聯合起來振興中國"的兄弟會合並爲"成志社"，會員包括回國事業已有成的王寵惠、王正廷、郭秉文和孔祥熙。成志社後來在北京、上海、香港皆有分社，可見當時這些留美學生的抱負。

洪業在哥倫比亞大學修了個歷史碩士，同時得了神學位，卻決定放棄神職。第一次世界大戰結束後，巴黎和會支持日本繼承德國在中國山東的權益，留美中國學生們都深感有責任遊說美國把和約駁回，洪業爲此作了一百多次的演說；有一次他講完下台，有人跟他說他演講非常精彩，應以此爲業。上世紀二十年代的美國收音機仍很稀罕，電視還未發明，一般人除上教堂外沒什麼消遣，數所"演說局"應運而生，安排"巡回演說家"到各大城小鎮的學校、教堂、商會演說，提供娛樂兼推廣文化。洪業風度翩翩，開口是洗練風趣的英文，很快成爲這圈子裡的熱門人物。

司徒雷登1922年要替成立不久的燕京大學在北京西郊建校舍，經劉廷芳介紹，請洪業和亨利·魯思(《時代雜志》創辦人的父親)合作在美國募款。每到一處，洪業先講中國文化、中國在歷史上的地位等，解除一般美國人的誤解。講畢，魯思便懇求觀眾捐獻一件活的禮物給中國，即一家基督教大學，一年半募得兩百多萬美元。1923年洪業便帶了檀香山長大、僅會幾句台山話的妻子到燕大投入學術。

我認識洪先生時他已八十歲，腰身仍挺直的，很會說笑，掌故一大籮筐，聚會時總有一堆人包圍著他。我見他感到格外親切，有趣的是在西雅圖促成朗諾和我結婚的高叔哥，竟是勸他回福州讀英華書院的同鄉高夢旦的兒子。1978年春節，趙如蘭教授在家辦了迎春會，照例有一堆人簇擁著洪先生，如蘭就說：〝應該趕快把他的故事錄下來，就是口述歷史。〞我聽了一震，這任務舍我其誰？在座的諸位博士准博士都不會有我那份閑心去做。我素來對洪先生充滿敬仰和好奇，很想知道他如何整合不同的文化概念，儒家信念和基督教教義在他的心目中比重如何，他對他的境遇怎能如此泰然，便鼓起勇氣拜訪他，問能不能帶錄音機錄他的回憶。他同意每星期天下午在他廚房和我一邊喝茶吃叉燒包一邊談往事，條件是要等他身後才能發表，因他最厭惡歌功頌德的文章。我們兩年半積累了三百多小時的談話記錄。洪先生1980年八十七歲時逝世後，我把資料整理成傳，約百分之八十根據洪先生的口述。他有時用普通話講，有時用英語，所以我有時需翻譯，有時得加以濃縮、注解；其外百分之十根據我對他本身、親友以及環境的印象寫的；其余則根據文獻，以及和洪先生的新知舊雨探討的結果。這傳記對哈佛大學不太恭維，但獲張光直、杜維明和韓南教授的支持，哈佛1987年把它出版了。

八十多歲老人回憶往事，大半生的檔案信件又不在身邊，差錯是免不了的，然而洪先生的記憶大體很准確，有些事乍聽"比小說還離奇"，後來竟然被印證了。譬如洪先生說 1924 年有位燕大學生替哈佛福俄博物館的朗頓‧華納當翻譯，跟華納到敦煌去，見他用甘油滲透棉布把數幅壁畫取下運回美國；次年華納又帶了大隊人馬來，准備把更多的壁畫運走。這學生向洪先生泄密，洪先生馬上告訴教育部副部長秦汾，教育部即發電到敦煌沿途各縣市，吩咐地方官員招待這些外國人，加以武裝保護，但小心防備他們破壞文物，結果華納空手而還。也正因這次全軍覆沒，華納這"中國通"沒份插手正在籌備的哈佛燕京學社。哈佛燕京學社成立後，洪先生到哈佛作交換教授，聽說最初發現敦煌文物的斯坦因說服了哈佛燕京在美國的托事，出錢讓他到中國搜寶，便力勸他不要去。但斯坦因還是去了，結果也空手而返。洪先生對他這保護敦煌壁畫的壯舉頗得意，他怎麼說我便怎麼寫。

　　書出版十年後我突然接到一通電話，對方請我把一張洪業的照片寄往美國《考古》雙月刊，說她有篇談及洪先生的文章。該文年尾發表了，說《洪業傳》出版之前，西方學者不明白華納第二次中國之行爲何落空，華納自己也不明白，給太太的信裡很惱恨地說大概是中國官員嫌賄金不足，回美國後心猶不甘，說服他的同事薩克出面籌錢，籌到十萬美元(包括來自哈佛燕京學社的五萬美元),足夠探險隊兩年的費用,有六千五百美元預備作爲給中國官員的"禮金",終於把年近七十歲的斯坦因引出來。哈佛大學文檔中有一份提到1930年3月18日斯坦因、司徒雷登和洪業在薩克家開會,洪業說他可去函請剛成立的文物保管委員會替斯坦因鋪路,斯坦因推說探寶細節須保密謝絕了。斯坦因離開康橋前,再次請教福俄博物館示範怎樣使用甘油和紗棉,到了南京拜見中國外交部長王正廷,則說此行目的是要跟蹤玄奘的腳印。不料中國報章突然出現他打算搬運文物出境的報道;同一個月內,立法院通過法律限制文物出國;他到了新疆又有姓張的學者亦步亦趨地跟隨他,讓他動彈不得;最尷尬的是,預算中賄金一項被傳了出來,燕京大學在美國的托事向福俄博物館質問,斯坦因只好作罷。《考古》此文的作者說她相信賄賂官員的預算是洪業傳出來的,因他看過該團的預算。我們知道王正廷是洪業"成志社"的兄弟,他暗中把此事本末告訴王正廷,也是意料中之事。

據我所知,《洪業傳》1995年的北京大學版主要有兩個錯誤。一個是中文版的錯誤,南京大學莫勵峰教授指出敦煌古物中最早的印刷書是《金剛經》,不是景教的禮拜手本,是我譯錯了,英文版提到兩種文獻間有個逗點,我沒注意到,以爲是同一文獻。另一個錯誤是普林斯頓大學周質平教授指出的，書中說二戰期間洪業去看駐美大使胡適，電話響胡太太聽了說是宋子文，周質平說那時候胡太太不在美國，應是使館別的女士接電話。

還有個地方不是錯誤，是稱謂的問題。洪業談起當時在普林斯頓執教的宋史學家劉子健總稱他爲“我的學生”，我成書後把談話錄音帶捐給了哈佛圖書館，最近清理檔案要把其他的有關文件也送去，發現有封劉子健寫給我的信，說他沒有上過洪業的課。劉子健的父親實業家劉石蓀和洪業很熟，劉子健抗戰時期從清華轉到燕大，和洪業一起被日本憲兵押入獄還替洪業洗衣，一向對洪業執弟子禮。抗戰勝利後“成志社”的弟兄向哲浚率領中國代表團到東京去審判日本戰犯，要洪業替他找位會講英語和日語的有力助手。洪業便推薦劉子健，因他除了講流利的英、日語外，還懂法語、俄語，難得的是他在日軍牢裡受過苦，但並不仇恨日本人。劉子健是洪業最親近的人之一，洪業稱他爲學生不足奇。

劉子健 1989 年在《歷史月刊》（6 月刊，第十七期）發表一篇文章，題爲“洪業先生：少爲人知的史家和教育家”，說洪業的史學功力不亞於陳寅恪、顧頡剛與錢穆；整理國故比胡適更有成績，爲何聲望遠不如這幾位大師？結論說有種種原因：一則洪業集中精力做基礎工作，編了六十四種引得，爲了選最佳版本，上承乾嘉反覆考證源流，貢獻宏大，但這是供人使用的。二則洪業寫文章不求聞達，最重要的著作是《禮記引得》與《春秋經傳引得》的兩篇序文，解決了很多歷代以來爭議紛紜的疑問，在本行之外卻少爲人知。關於杜甫的巨作，他考訂了三百多首杜詩的時間，是用英文寫的，讀者有限。最可惜他數十年研究《史通》，要把原文每句的來歷都找出來，以確定劉知幾用了哪些書，沒有完成就逝世了。其外，洪業辦教育訓練學生，畢竟分散了他研寫的精力。再者，他自美國到燕大執教時已三十歲，作風相當洋派，許多人以爲他是華僑；當時北大清華中央金陵各大學史學都已有相當陣容，他在教會的燕大獨樹一幟，和洋人共同籌辦哈佛燕京學社，被人以爲是洋機關，所搞的國史必不甚高明；他1946年後在哈佛只有研究員的名義，更少爲人注意了。

清理檔案時，我又發現一篇1998年自己寫的文章，此次再版把它附錄在後。事緣《洪業傳》出版後收到洪業長女靄蓮的信，還有靄蓮童年朋友轉寄來的信，看了令我相當震撼。我認識洪先生的時候洪太太已去世，關於她的事他沒多說我也沒多問，原來她的身世那麼複雜，洪家有那麼多可悲的事情。不料還有更大的悲劇正醞釀著，洪先生去世十五年後，他四十六歲的外孫女，一個秋日清晨很冷靜地走到賓夕法尼亞大學校園中心，朝自己的身上倒汽油點火自焚，在五十人圍觀下死亡。《紐約時報》走訪了些認識她的人，分析這令人驚駭的事件，結論是她來自一個顯赫的華裔家庭，這環境只許成功不許失敗，母親也是自殺的。我感到這悲劇可追溯到她外祖母的那一代，寫下"洪家三代女人的悲劇"一文，當時因種種原因沒有發表，現在事過境遷，可以向讀者交代了。

我寫《洪業傳》的時候，對洪業妻女情形不清楚，不知他有這許多隱痛。他老人家對什麼事都興致勃勃，談起往事雖相當激動，卻令人感覺他心靈深處有一片甯靜，是種盡了責任後對人對事皆不苛求的甯靜。洪業後半生不屬任何教會，卻仍相信祈禱在冥冥中有效，尤其可汲抽人心內的潛能。他加入了個提倡祈禱與靜坐的跨宗教團契，引伏爾泰的話說要是沒有上帝，為人類的利益也要創造個上帝，有了上帝才能有天下皆兄弟之感。我相信吟詩作詩也是他重整思想感情，保持心態平衡的一個方法。他日據時代和張東蓀、陸志韋等十來位燕大師生被關在牢裡五個多月，待遇相當惡劣，最後日軍也許覺悟讓這批學者死在他們手中沒什麼意思，寬松些，他和同獄室的趙紫宸忍餓挨凍竟做起詩來，趙紫宸出獄後把自己的詩作以《南冠集》為題出版，有六十七首是贈洪業或是和洪業的韻寫的。洪業晚年常與友人唱和，去世之前兩年有一回去看蒙古學家柯立夫的農場，見鄰居家門口有個池塘，想到朱熹一首詩，便朗誦給他們聽，並用中文寫下贈送給這對夫婦，此詩大概代表他追求的心境：

　　半畝方塘一鑒開，

　　天光雲影共徘徊。

　　問渠那得清如許？

　　爲有源頭活水來。

(原刊於《東方早報：上海書評》2013 年 1 月 13 日)

補記：

　　洪業晚年有首題爲《劍橋歲暮八首》的詩，《洪業傳》此次再版也附錄了；其中有一句說："燕市當年老侶俦，最思趙鄧陸孫劉。"指的是趙紫宸、燕大教授鄧之誠和校長陸志韋，儒商孫冰如，以及劉子健的父親實業家劉石蓀。

艾朗諾、劉子健、楊聯陞、曾當洪業學生的山東大學
徐緒典教授夫人及筆者与女儿。
1987年4月摄於麻州阿靈頓艾家门口

Messianic Life of a Troubled Idealist

Kathleen Chang shown in the Bronx High School of Science yearbook in 1967.

"A Dance to the Death: The Manic and Messianic Life of a Troubled Idealist"—《紐約時報》1996 年 11 月 27 日以大半版的篇幅分析洪業的外孫女為何自焚。圖為她的中學學照。

Last of the "Foreign Devils"—《考古》1997 年 11/12 月号討論斯坦因 1930 年到敦煌搜寶的計劃如何被洪業暗中破壞。此為王正廷发的游歷護照之上截

蒙古學家柯立夫其人其事

　　姚大力教授去年 12 月在《上海書評》有文章提到柯立夫(Francis Cleaves)，勾起我一陣回憶。到網上一查，柯立夫1995年以八十四歲高齡逝世時哈佛同仁例行在校報登刊的悼文，讓我對他獨立特行的性格有新的領會。

　　該悼文首段稱譽柯立夫是美國蒙古學的開山祖，以譯注蒙古碑拓著稱，因而榮獲法國儒蓮獎，亦翻譯了《蒙古秘史》。隨之相當突兀地說："柯立夫很早就展現了他的語言天才，在霓達姆高爾夫球俱樂部做球童工頭的時候，便在與顧客言談間學會了意大利話。"

　　哎，看得我心裡不舒服：共事半世紀，念念不忘他出身卑微，曾當高爾夫球童工頭！這令我想起上世紀七十年代外子朗諾做學生時，柯立夫告訴朗諾他孩時家住愛爾蘭難民聚居的波士頓南區，開學第一天老師叫班上不是天主教徒的學生舉手，他是惟一舉手的孩子，日後備受同學嘲弄可想而知。柯立夫自幼便和他所處的環境格格不入，怪不得他一生漠視社會的常規習俗，寧願和動物為伍，喜歡往古書裡鑽！

柯立夫以優越的成績考進常春藤大學之一的達特茅斯學院，主修拉丁文和希臘文。他進哈佛研究院後轉入遠東系，那時哈佛燕京學社創立不久，由俄人葉理綏(Sergei Grigorievich Elisséeff)主持。葉理綏鼓勵他研究蒙古史。悼文中說柯立夫轉系原因是佇立於校園刻有中文的大石碑引起了他對東方的興趣，這不知是哪裡來的傳言，因1936年哈佛三百年校慶中國校友贈送這石碑給母校時，柯立夫已獲哈佛燕京學社的資助到了巴黎，跟伯希和學蒙古文及其他中亞語言。

柯立夫1938年抵北平師從比利時蒙古專家田清波神甫，也請當時在輔仁大學任《華裔學志》編輯的方志彤替他補習漢文。他一邊寫博士論文，一邊主持被哈佛燕京學社收編的中印研究所，繼創辦人鋼和泰男爵整理佛教文獻。

柯立夫在北平購買了很多滿文和蒙文的書籍、文檔，以滿文居多。旗人當時家道中落，加上戰事頻頻，更急於出手，而看得懂滿文的人無幾，漢人對這些東西無興趣，柯立夫便大批廉價收購。這些文籍最終歸入哈佛燕京圖書館，令該館的滿文收藏居美洲之首。他1941年准備回哈佛教書前把寫好的論文郵寄回美，不幸遇上太平洋戰爭爆發郵件遺失了(戰後才在日本神戶找到)，只好著手重寫；但不久便棄筆從戎，加入美國海軍陸戰隊參加太平洋戰役。據他說，有一次中國部隊撤離一個駐防點要讓美軍接防時，他進入一個大廳，竟發現裡面都是滿文書，沒人帶走。他得國軍軍官允許，向美軍借用一部裝甲車，把書悉數運回哈佛。戰後他被委派遣送華北的日本僑民回日，遇上日僑遺棄下的圖書亦都搬運到哈佛。

其實柯立夫在琉璃廠的豐收，方志彤的功勞相信也是很大的。方志彤一生嗜好搜書，後半生到了美國，波士頓和劍橋的舊書商都認識他，退休時家裡書堆得實在沒辦法，碰上中國改革開放，便把大部分贈送給北京大學圖書館。高峰楓去年9月在《上海書評》的《所有人他都教過》一文中引柯立夫的信說他在北平三年間和方志彤過從甚密，有時天天見面。又引伊麗莎白·赫芙(Elizabeth Huff)的話說她從哈佛到達北京後，經柯立夫介紹，亦請方志彤輔導學古文，而方志彤課後必帶她逛書店吃館子。柯立夫人地生疏，沒有方志彤帶路大概不會迅速搜到那麼多好書。

可惜柯立夫未能維持他和方志彤的友誼。有一次朗諾和柯立夫一起走出哈佛燕京大樓，恰巧方志彤迎面而來，柯立夫趨前和他握手，說："Achilles，你記不記得我們在琉璃廠一起逛書店多麼開心！"方志彤很不耐煩地說："Water under the bridg！"那時柯立夫是終身教授，曾當他老師而且學問一點都不差於他的方志彤卻是講師，地位懸殊，他這句話意謂大江東去，前塵舊事何必重提。

柯立夫很喜歡教書，一直到 1980 年被迫退休都留在哈佛，除教蒙文和滿文外，還負責二年級文言文，用《論語》和《孟子》做課本。哈佛教授每六年可享受一學年的帶薪學術假，他一次都沒拿取。學生也喜歡他那種完全無架子、不拘小節、說話無禁忌的作風。

他身體魁梧，相貌堂堂，但乖僻是出名的。他星期一至星期四住在離校不遠的霓達姆市，這是波士頓城的高尚郊區，每家前院照例有修剪齊整的草坪、刻意栽種的花卉，他的園子卻亂草叢生，讓左鄰右舍側目，並且不設衛生間，亦不裝備暖氣，冬天靠和他同床的金毛獵犬取暖。他周末開車把狗群帶回離劍橋兩個多小時車程的新罕布什爾州的農場，這秀峰環抱的農場有一百多英畝，農舍卻也沒有衛生間沒有暖氣設備。他省吃儉用，錢都花在動物身上，缺錢用便跑到附近的滑雪場當停車場售票員，毫不感覺自貶身份。

喜愛動物的他，小時常把野外的蛇、臭鼬帶回家，有一次甚至偷偷地瞞著家人郵購了只黑熊。我們認識他時，他在農場上養了十多匹馬、數十頭牛，每頭牲口都取了名字，有些是學生的名字。這些動物是不賣不宰的，當孩子看待，有朋友喜歡就送人。

看來他對蒙古情有特鍾，和他喜歡戶外生活喜愛動物有關。朗諾有一問柯立夫到了蒙古有何感想，他說："我走出火車看到一堆堆馬糞牛糞，發出的蒸汽冉冉上升，就歎口氣說，果然到達了！"

朗諾和我與柯立夫熟稔，除因朗諾上他的課外，還因爲他若在劍橋，下午三點鍾必到洪宅和洪業茶叙，同讀一篇古文或討論一個問題，數十年如一日。洪夫人已去世，我們常請兩位單身漢吃晚飯。洪業約八十歲，柯立夫不到六十。洪業雖一頭白髮，高瘦的身幹是直挺的，如玉樹臨風；柯立夫體重兩百多磅，勢如泰山。酒酣飯飽，兩人便引經據典地談古說今，往往用拉丁文抬杠，到深夜方散。柯立夫總向我要了熬湯的豬骨頭帶回去餵狗。柯立夫不善於與人周旋，洪業則是個深懂人情世故的儒者，但兩人在學問境界裡找到了共同的園地。洪業有兩篇文章是受他激發而寫的，一篇是《錢大昕詠元史詩三首譯注》，另一篇是《蒙古秘史源流考》。後者的出版可說相當不幸，因爲柯立夫——真正的蒙古史權威——並不同意洪業的結論，但因不願破壞兩人友誼而把自己研究蒙古秘史的成果擱在一邊數十年，一直等到洪業逝世後才於1982年發表。

柯立夫做學問一絲不苟，慣於從考證著手。然而他把十三世紀蒙古文寫的《蒙古秘史》用十七世紀英譯聖經的語言翻譯，說非如此不能表達原文的韻味，是具爭議性的。此書"引論"裡爬梳了《蒙古秘史》在中國以及國外的流傳史和版本史，不時引述洪業的見解，也指出他不同意洪業的地方；腳注不多，打算把較詳盡的注釋另冊發表，說這做法亞瑟・韋利（Arthur Waley）翻譯《詩經》和洪業的《杜甫：中國最偉大的詩人》開了前例，可惜第二冊最終沒面世。

　　哈佛同仁的悼文結尾說：

　　"他的學術著作力求准確清晰，翻譯盡量字字忠於原文，是寫給其他學者和自己的學生看的，所引的俄文都譯成英文。他很執著於內心的標准，無論學術和道德方面都如此，而且主見甚深，又有鐵般硬朗的身體，令人想起塞繆爾・約翰遜(Samuel Johnson)，而約翰遜的文筆正是他心目中的楷模。"

　　柯立夫對1866年即注譯《蒙古秘史》的俄人帕拉迪（Archimandrite Palladii Kafarov）很尊崇，引的俄文相當多，爲使學生看懂都譯成英文。但法文德文則沒譯，當時漢學家都看得懂。有趣的是中文倒譯了，因他們一般中文程度不高。

　　柯立夫的英文的確很美，成見的確很深，軀體的確如約翰遜般龐大硬朗；但沒聽說過他刻意模仿約翰遜的文筆，乍看也不特別像，雖說英文寫得典雅多少都會受約翰遜的影響。不過從修辭的角度看，把柯立夫和大文豪拉在一起來替悼文作結尾，倒瀟灑得很。

無論十七世紀還是約翰遜的十八世紀，柯立夫的精神世界總而言之不植根於二十世紀，這點跟洪業上世紀三十年代在北平每周定時茶敘的另一位摯友鄧之誠相似。鄧之誠也是個不願在二十世紀落根的人。

柯立夫一生最大的憾事是，他的得意門生、出自學術世家才氣橫溢的傅禮初（Joseph Fletcher），好不容易學通了漢文、阿拉伯文、波斯文、俄文、日文、蒙古文、滿文、梵文和歐洲多國語言，准備好好梳理亞洲內陸的歷史，卻英年早逝，如今學者只能在他寥寥數篇文章以及他參與撰寫的《劍橋中國史》中略窺他的才華。

哈佛當年很少提升年輕學者作終身教授，傅禮初臨此關時並沒有著作，柯立夫在文學院教授大會中爲他力辯，結語令人莞爾，他說："傅禮初不但是位難得的學者，而且是位正人君子，而哈佛正需要多幾個正人君子！"

傅禮初1984年癌症突發去世，柯立夫主動代課替他把學年教完。以後數年不支薪繼續在哈佛開課教蒙文和滿文，條件僅要哈佛補貼他來往農場的交通費，和讓他免費在教師俱樂部用餐。我最近見到曾當柯立夫助教的鄭文君(Alice

Cheang)，她回憶說：“我七十年代做他學生的時候，班上只有四五個人，就在他哈佛燕京學社二樓的辦公室上課，他課上不久，就開始講故事了。再不久，也就要泡茶了。有個學生被指定到走廊對面把茶壺注滿水開爐灶，另有靠門的學生被指定聽水滾的聲音，又有個學生負責趕快去沖茶，因爲用Francis的話說，我們之間有個賊頭賊腦的韓國人，一不小心滾水就給他霸用了。這韓國來的研究生大概以爲水煮開了任何人都可隨意用。我們在他班上文言文學得不多，倒吸取了不少歷史地理和做學問的常識。後來我做他助教時學生有十多人，因依新規定學日文的研究生須選文言文……Francis寫的英文字很好看，還寫一手漂亮的漢字。我做他助教時他常慷慨地請我吃午飯，相信不少窮研究生因他而經常可飽食一餐。有一天我和他在教師俱樂部吃過午餐走回他的辦公室，路見哈佛正把一棟好好的大樓拆了重建，他搖頭不已，進門隨手提起粉筆在黑板上寫了四個字：‘嗚呼哀哉’，遒勁有力。”

戴梅可(Michael Nylan)記得柯立夫有一次觸怒了一頭公牛，被牛角刺傷，請洪業代課幾個月，等到康復了回課堂，不假思索便把襯衫拉起讓學生看他的傷痕。

現在台灣執教的甘德星(Kam Tak-sing)，回應鄭文君的郵電回憶道：“柯教授這怪傑，可談的事太多了，叫我從何說起？現在加拿大英屬哥倫比亞大學亞洲學系主任Ross

King和我，還有現在印第安納大學宗教系的Jan Nattier和中歐亞研究系的Christopher Atwood，相信是他最後的幾個學生。他為了給我們開課，清晨約四點鐘就須起床，餵飽他的牛、馬、狗和其他牲口，然後開車到巴士站趕往劍橋那班慢車。課從下午一點鐘上到四點，滿文蒙文同時教。他人還未走入課室，氣味早就先飄襲進來。他退休後我們每年總去看望他一趟。他家沒電話，也沒有茅房，有內急就得在他莊園裡找個安靜隱秘的地方解決……"

我大概嗅覺特別不靈敏，不記得柯立夫有何異味。只記得他講話有趣，不時以古鑑今，拿世界各地的事物互相印證。和洪業一樣，對他而言，東方與西方之間不存在鴻溝，古代與現代之間不存在裂罅。他雖愛好大自然，但對大自然沒有浪漫迷思，常說："大自然是殘酷的，是極端耗費的，成千成萬的魚卵孵化成小魚的至多數百，數百條小魚也只有數條能生存長成大魚。"

他完全沒有政治正確意識，聽我偶爾一番議論後，總搖頭歎說："你那小小的腦袋怎可能裝得下那麼多東西？"

柯立夫是洪業的遺囑執行人。柯立夫有親弟妹，但遺囑執行人指定他台灣來的學生劉元珠(Ruby Lam)。劉教授數十年對柯立夫執弟子禮，難得的是連她香港來的丈夫也對老師孝敬有加。

替柯立夫善後必定不簡單,要收拾他城裡亂雜的房子和新罕布什爾州的農場,無數的書籍和文檔,包括白費了許多人的苦心十五年的光陰後放棄的《哈佛燕京大字典》遺骸,這些裝滿了一排綠色檔案鐵櫃的卡片,被柯立夫以悲天憫人的懷抱收容在他的農場地窟裡。

互聯網上有則發自蒙古的訊息:蒙古國立大學於 2011 年有個隆重的"柯立夫一百周年誕辰紀念學術大會"。這種哀榮是柯立夫不會料想得到的,也是他的哈佛同仁難以企及的。

(原刊於《東方早報:上海書評》2013 年 4 月 7 日)

補記:

原文中我把柯立夫的得意門生 Joseph Fletcher名字音譯為"費萊徹",因不知他有個中文名字叫傅禮初。此人不但才氣橫溢,還富幽默感。1980年柯立夫69歲年生日我們在家裡開了個茶會,吃蛋糕,以為他第二年退休就不能在劍橋慶祝了。因人多家裡所有的椅子都派上用場,包括一把可折疊的木椅;傅禮初來了,一坐這椅子就塌下來,害他跌到地上。他馬上喊叫:"糟糕!上帝懲罰我了!"引起哄堂大笑。朗諾關心地問:"你沒事吧?"他答道:"沒事,沒事,只怕腦袋丟了些蒙古文法的皮毛!"逗得柯立夫也樂了。

柯立夫與他的
牲口，攝於1981

筆者、艾朗諾与柯立夫
得意門生傅禮初 Joseph
Fletcher，洪業追思會後
同在墓前合影，想不到
他三年后也病逝了。

1981年攝於麻州Pepperel

再談柯立夫和方志彤

《蒙古學家柯立夫其人其事》在《上海書評》（2013年4月7日）發表後，接到一些評论，藉此補充和修正。

梅維恒（Victor Mair）說他學生時代到過柯立夫的農場，記得他養的是黑摩根馬。我才想起柯立夫也收藏美國早期農具，養這種健壯耐勞能幹農活的馬，意趣是相同的。

白牧之（Bruce Brooks）說他和柯立夫做同事還算合得來，因有共同語言。但他嫌柯立夫太墨守於伯希和的成規，而且因不完全同意洪業的看法就不願在洪業生前發表他的《蒙古秘史》英文譯注，未免尊師尊得太荒謬了，這其實是一種執拗。學問是不斷地自我駁斥才能前進的。"在我所知道的人之中，柯立夫最不輕易改變自己的主張和理念，習慣更是一成不變。你若不欣賞只好遠遠避開他，我可以說兩者兼有。”

艾朗諾（Ron Egan）說柯立夫走出烏蘭巴托火車站看到的不是馬糞牛糞，一堆堆蒸汽冉冉上升的是駱駝糞。

劉元珠（Ruby Lam）說她並不是柯立夫的遺囑執行人，執行人是位伯魯杜克神父（Hector Bolduc），可是她與她丈夫將全力維護她老師遺留在新罕布什爾州的書籍。這些書籍藏在Gilford鎮上的一座天主教堂內。

我網上一查，發現伯魯杜克神父和柯立夫一樣，也是個不願在二十世紀植根的人，他為拉丁文不惜與教廷抗爭，被免職數十年。怪不得他們兩人“臭味相投”。

伯魯杜克神父1936年出生於新罕布什爾州，比柯立夫小二十多歲，第二次世界大戰時也從軍，也喜歡旅行，學各種語言，包括古埃及科普特語，而且嗜好收藏書籍。他快四十歲時在瑞士受當地的大主教封為司鐸。這位大主教和他一樣，以維護用拉丁文舉行彌撒為己任，他們覺得拉丁文有深遠的傳統，而且是超地域性的，全世界都可通用。當梵蒂岡規定所有的彌撒都必須用當地語言時，這位大主教和伯魯杜克神父仍堅持己見，結果大主教被逐出教會，伯魯杜克神父沒有被逐，亦被免了神職。他的父親逝世後他回到新罕布什爾州出生的家養牛，當地居民出錢出力替他建立一座小教堂，教堂一整邊的牆壁用來放他的藏書，其中有上千年的古書，每一本他都讀過。2008年上任不久的新教皇決定允許繼續用拉丁文舉行彌撒，伯魯杜克神父感到他三十四年來堅持的信念終於被肯定了。他去年才逝世。

我把在《上海書評》發表的文章傳給哈佛燕京圖書館的西文書籍負責人林希文（Raymond Lum），他告訴我關於柯立夫遺留在新罕布什爾州的書，賴大衛（David Curtis Wright）有專文在《宋元研究學報》（*Bulletin of Song-Yuan Studies*）第28期（1998）討論，並影印了一份寄給我。

除了把賴大衛的文章影印給我外，林希文還讓我看他紀念方志彤的英文未刊稿。方志彤有驚人的學識，又是極優秀的教師，艾朗諾英譯《管錐編》扉頁上獻給方志彤，不但因為他從事這項工作，是錢鍾書清華時代的要好同學方志彤鼓勵他做的，而且他看得懂文言文，全得力於方先生。然而"冒牌華人"之譏一直籠罩著方志彤，沒想到素來對隱私設防甚嚴的他，卻向忘年之交林希文傾訴他的身世。下面我得他的同意擇錄以饗讀者。

柯立夫和方志彤同有藏書癖。曾經非常親密，但後來因境遇懸殊友誼無法維持下去。兩人都是個特殊時代的產物；恐怕漢學"制度化"後，再也產生不了也容納不了像他們這樣獨立特行的人了！

柯立夫在新罕布什爾州留下的藏書與文件:

　　賴大衛說柯立夫在該教堂保存的書約有一萬五千本，包括十八世紀出版的英文和法文關於亞洲的成套書籍，藏在裝了玻璃門的書櫃裡。他1997年花了約十五個鍾點翻看柯立夫遺留的文件，有些經整理放在鐵櫃裡，但仍有大量堆在桌面，發現其中有手稿也有打字稿，用的多半是油印行政通知的反面，可見柯立夫節儉成性。賴大衛抽查了的文件分數大類：（一）　有三十多個文件夾注明《蒙古秘史》的資料，大部分是書的打字原稿。柯立夫英譯了《蒙古秘史》後，本來打算把較詳盡的注釋另冊出版，但第二冊始終沒有出版。賴氏只見到零星的未刊注釋，未經他過目的稿件中很多，希望將來有人把這些珍貴資料發掘出來發表；（二）　元史：柯立夫以譯注《元史・本紀》出名，這些大部分作為帶副本的打字稿完美地保存著，包括本紀1-2, 4-14, 17, 21-26，28-29, 34-35，腳注整齊地置放在稿件下端，大多數手稿也保留了。另有十多種《元史》中人物傳的譯注；（三）　三十多箱沒有完成的《哈佛燕京大字典》的卡片。據文檔記錄，其中有些1976年寄了給不列顛哥倫比亞大學的蒲立本（E. G. Pulleyblank）教授；（四)其他：關於蒙古和元史的文稿，波斯文獻的譯注，課堂教材等等。

　　賴氏報告說要查閱這些文件不容易。因為教堂沒有專人負責,而申請要參觀和研究的學者很多。

筆者注:內蒙古大學周清澍教授對柯立夫的蒙古學藏書,於2005年在中國社會科學院民族學與人類學研究所作了一份報告,說在新罕布希爾州的柯立夫藏書中各種語種的工具書,如突厥語、波斯語、阿拉伯語、蒙古語的詞典特別多;波斯文的蒙古史史料不少是原文本,蒙古文書籍相當多,包括幾份蒙古文家譜,二十世紀二十至四十年代北京蒙文書社出版的蒙古文書籍,柯立夫幾乎一本不漏地均有收藏。叢書中《東方學文獻》收藏得非常全,俄國、蘇聯時期歷史地理學會的雜志收集得很完整。

林希文紀念方志彤博士:

方博士握著扭曲了的金屬黑手杖在街道當中行走,腳上穿的是麂皮絨黑鞋配白襪子,法式貝雷帽下瀉出數撮白髮。他危及了來往的車輛和自己的性命而渾然不覺,所幸哈佛校園恬靜的後街交通稀少。

我下班經過他住處附近,向他揮揮手,他便往我這一邊走來,卻不上行人道,我只好陪他在街上走,頓然領悟方博士素來要別人遷就他,現在年高望重,人人又都知他性情古怪，更覺得理當如此。

　　他問我有沒有時間看看這一帶的住宅區，我實在沒時間，但他已用手杖彎勾住我的手臂說：「當然有時間！」又問我看到他還了圖書館的口述史沒有。我在圖書館工作，見伊麗莎白·赫芙(Elizabeth Huff 的口述史談及他們兩人數十年前短暫的情事，便把書傳給他先看。方博士說他並記不得有這回事，抗議道：「他們不該出版此書。可是他們有的是錢，也拿他們沒辦法。」我加快腳步跟上他的步伐，發現他的手杖主要用來推開路上前面的樹枝和石頭。看到有車駛來，我便本能地趕緊輕輕推他躲閃。

　　「你住哪呢？」他又問。我沒上過他的課，他很可能連我的名字都不清楚，但我們多年在哈佛燕京大樓走廊上碰面，他總和善地點頭和我打招呼。

　　「我就住在叫樹蔭坡這一帶，都是自有宅，但我們是租的，住了二十一年了。這條路可穿越對面的諾頓樹林。看到圍牆沒有？建築這圍牆爲的是要擋住屋價較廉的撒墨爾莊。看到那棟大樓沒有？劍橋和撒墨爾莊的分界線穿過那棟大樓，但到了我們的房子就把界線挪了些，讓房子歸屬劍橋。進來喝瓶啤酒吧。」

　　到處都是書！壁上，地上，桌上，都是書。「來看看我的書！」他不是邀請我而是命令我，一邊說一邊已上了樓。樓上有更多書。這顯然是他的私人天地。門把上，欄杆上，窗簾架上，所有凸出的地方都挂著穿過的衣服，約莫可見有洗好的整整齊齊地疊在一角；除此外到處就是書，高高地堆滿兩間臥室，有樓梯可走上他三樓的書房，書房自然有更多書，連樓梯口也占了一半，須側身才能登上去。

他撿起一本："你瞧，這是我昨天找到的。此人只寫了四本書，都關於文化人類學。我全看了。才三塊錢。哦，我可不是研究人類學的。"他把手一揚，"這些書我都翻過。我打算捐給清華。清華是我的母校，你知道嗎?可是需要裝箱，付運費，我都不行。我辦公室裡還有書。我兩年前退休了，退休後可以保有辦公室兩年，可是他們又能把我怎麼樣? 難道踢我出去，把東西都丟在街頭?"我們兩人默默相視，我也沒有答案。

方志彤，這研究古希臘的韓國學者，在哈佛教了三十一年的中文。他告訴我："我的母語是韓國話，然後學日語，再學中國話。我在韓國讀書的時候講的是日語，可是看的是中文。我十六歲開始學德語，不是在學校學，自己學的，捧著課本學，課本上那些荒唐的東西只有德國人才寫得出來。我發願要學所有的主要語言，但梵文和俄文一直沒學好。""那一堆全是關於文化大革命的，應該都歸圖書館。這邊一本中文書都沒有，全是希臘和拉丁文經典。我是古希臘學者，不是中國學者！”我聽得有點糊塗，他究竟是說他做學問不研究中國，還是說他不是中國人呢？

我們下了樓。他的兒子說有點事要出去。不久他的德國太太(第一任太太是中國人)提了兩個購物袋回來了，我記起圖書館每月舉辦減價售書會時，常見到方博士提了兩購物袋的書滿載而歸，他們兩人還蠻相像的。

他介紹我們認識，但這另一位方博士對我突然的出現似乎不甚高興。我還沒有脫外衣，她就對丈夫說，“這裡冷得很，不要讓他脫外衣。”“所以說嘛，我就是爲這原因沒叫他脫外衣。”隨即兩夫婦用德語交談。方夫人出去一會兒又回來，脫了外衣，把電話帶進樓梯下的小房間裡躲開了。

“吃花生吧。來這兒坐。我們中國人喜歡喝酒時吃點東西。窮人吃花生不吃瓜子，南方除外。北方長西瓜的季節太短了。”原來他把自己打造成中國人，也說服別人把他當中國人。

“我來了三十一年沒有回去過亞洲。數年前我的家人都去了歐洲，我不能去，要看守這些。”他把手揚向幾乎連壁爐都全掩蓋住的書。

我不久就搬了家，下班不再途經方博士的住處，但這之前凡是星期五遇上天氣暖和，方博士總請我和他一起吃中國菜，是他一位決定不繼續念中文的學生從唐人街帶來的。我則帶瓶葡萄酒，兩人便坐在他家門前的遊廊上吃，因爲裡邊是放書的，不是給人坐的。他那些日子開懷地大談他熟悉的艾茲拉·龐德，抨擊"費蔣介石"（費正清教授John King Fairbank），替我正在寫的博士論文想點子，告訴我他因在中國的時候做韓國人不安全，於是裝爲中國人。他對我平等看待，我覺得很榮幸，但我一直都沒直呼他名字，總稱他爲方博士。

後來艾朗諾和一些他教過的學生幫他把書裝箱，送到北京大學去了。有一小部分經我手捐了給哈佛燕京圖書館。

方博士 1995 年 11 月 22 日去世後，另外那位方博士打電話給我說有幾本照相簿，要捐獻給哈佛燕京圖書館。她說她父親是位醫生，她小時候跟著家人從德國到中國去，是在中國拍的照片。她不但精通中國話，而且成了位中國紐扣專家。她和方志彤是在中國認識的。我訪問了她數次，但從不談方志彤，因她有她自己的中國故事。她也許不記得我就是那個星期五晚上和她丈夫在門前遊廊吃飯的人。有個聖誕節她請我到她家，給了我一些餅幹，是用她在中國收藏的木模子做的，做給她的孫兒吃。她九十二歲那年被房東逼迫搬遷，離開住了半個世紀和方志彤與孩子們共築的窩，翌年2008年2月便逝世了。

(原刊於《東方早報：上海書評》2013 年 6 月 2 日)

方志彤1980年把大部分藏書捐贈給北大，艾朗諾負責搬運。次年得老師贈此照片道謝。

方志彤忘年之交林希文。2005年攝於哈佛燕京圖書館辦公室

柯立夫和他教过的一些學生：范佐侖、Steve Van Zoeren和夫人張佩珊、Tina Endicott West、劉元珠和夫婿林楷和、Wendy Zeldin、艾朗諾。1984年攝於柯立夫新罕布什爾州的農場

我們所認識的韓南教授夫婦

艾朗諾、陳毓賢

　　上星期一早晨，毓賢與我在上海旅館裡各自上網，異口同聲喊叫："哎喲，韓南死了。"晚上和中國友人聚餐，發現大家都已知悉他兩天前，即4月26日，在麻州劍橋突然辭世。我翌日在復旦大學講《夷堅志》，有學生提問爲何中國的小說一般都那麼短，沒有史詩；我說明清小說就有很長的。在座的陳引馳教授補充說："我們必須把文言小說和白話小說分開講。剛去世的漢學家韓南（Patrick Hanan）指出中國文言小說包括《聊齋志異》在內都偏短，但源自口傳的白話小說就不同，敦煌的變文是很長的。"

　　我們星期三回到加州，郵件堆裡赫然看見有韓南寄給我們的英譯《蜃樓志》，郵簽是4月22日，他身體必定已很虛弱，是他兒子代他題字郵寄的，不勝唏噓。

他研究《金瓶梅》，翻譯《肉蒲團》，轉變了我們對中國小說的看法——這位東西半球學者同哀悼的韓南，究竟是位怎麼樣的人？

韓南1927年在新西蘭出生，本來研究英國中古小說，到了英國修博士時才對中國文學發生興趣，便從頭再念起。他有幾年留在倫敦大學亞非學院教書，到了美國最初五年在斯坦福，後來便一直在哈佛。在他們那一代的漢學家中，韓南是個異數。當時把中國的東西當爲學問研究的人不多，一般漢學家憤世嫉俗，自命非凡，韓南卻爲人極低調。更令人訝異的是，他研究的領域竟是當時學者所不屑的通俗文學，而且是色情小說。

鼎力爭取哈佛聘任他的是海陶瑋(James Robert Hightower)教授，是我的博士導師。我上世紀七十年代初上韓南的課時，他剛到哈佛不久，非常拘謹，主要講小說的版本問題，有些同學抱怨太枯燥了。他最早的博士生，現在賓夕法尼亞大學教書的梅維恒(Victor　Mair)，本來就對佛學有興趣，論文便研討敦煌變文。

韓南穩打穩扎地梳理了一些小說的版本後，就關注小說的風格，發現不同時代的小說有不同的風格，從而勾勒出中國白話小說史。他翻譯了《肉蒲團》並有專書談論其作者李漁，後來研究《兒女英雄傳》《風月夢》《海上花列傳》等十九世紀小說以及基督教用以傳教的敘事文本，並翻譯《禽海石》《恨海》和《黃金祟》這些少爲人知的近代小說。今年八十七歲的他剛出版了英譯《蜃樓志》。

韓南長期做系主任，1987至1996間還任哈佛燕京學社社長，總是按部就班秉公辦事，從不徇私，遇上問題盡力找個圓通的解決辦法。他若對任何人不滿，不會在背後冷嘲熱諷，更不會當面斥責，最多避免和其人往來。他不高興蒙古學家柯立夫領薪水一定要秘書把支票送到他辦公室，柯立夫去世便不參與寫哈佛同仁例行在校報登刊的悼文。他有份英國紳士式的矜持，卻沒有英國紳士那種冷眼看人間老謀深算的態度。他很有幽默感，只是不輕易炫露罷了。記得錢鍾書1979年訪哈佛，見到和他一樣博學的清華老同學方志彤大喜，韓南形容錢先生"像一瓶經搖晃的香檳酒，'砰'地一聲打開，各種語言便噴射出來"。

韓南退休時，同事和前後學生替他辦了個宴會，幾位事業有成的女弟子相繼站起來說她們讀研究生時，教授普遍看不起女生，只有韓南尊重她們。他的女弟子包括衛斯理學院的魏愛蓮（Ellen Widmer）、芝加哥大學的蔡九迪（Judith Zeitlin）、哥倫比亞大學的劉禾和加州大學伯克利校區的袁書菲（Sophie Volpp）。韓南把藏書全捐給了哈佛燕京圖書館，對這決定很得意，說是一舉兩便，再不必爲書煩惱，而因家住得近仍可隨時翻看。韓南對妻子忠心不渝，兩人恩愛六十多年，在漢學家中也是個少見的。

記得我做學生時，韓南夫婦有一次在他們的寓所辦了個雞尾酒會，請了幾個同事和學生。他們家離學校很近，面積不大，但擺設很雅致，廚房天花板開了個天窗額外明亮。事後毓賢說：「韓南太太真是個沒有城府的人。我把空杯子拿到廚房遇到她，她對我說她今天戰戰兢兢，緊張透了。」我才想起當晚有人問起他們的獨生子，韓南夫人說：「他自從商學院畢業，錢賺得比他老子多。」韓南有點腼腆，顯然感到妻子說了有失身份的話。但她這麼一說，大家都輕鬆下來，在那講排場講氣派，人人語不驚人死不休的哈佛高壓氛圍裡，仿佛開了一口天窗。

也許因為毓賢也是個直腸直肚的人，所以和韓南夫人安娜特別投緣。我們兩家親近，是我們女兒瑞思出生後的事。母女從醫院到家沒幾天，安娜就帶了禮物來看娃娃，向毓賢傾訴她兒子怎樣難養。她當時還未抱孫，便把瑞思當自己孫女。毓賢雖有點受寵若驚之感，但亦被安娜井井有條的內心世界所吸引。

安娜生長在德國北邊臨海的一個小城裡。她說德國二戰時人民真苦，家家戶戶自己種土豆，土豆收成便小心翼翼分成三堆，半爛的先吃，再吃有瑕疵的，沒有瑕疵的則放在地窖，希望能保存到明年春天吃。她的妹夫被納粹當炮灰陣亡。戰後更苦，美軍把德國轟炸得一塌糊塗，積屍橫路血肉淋漓。她一個人跑到倫敦謀生，在醫院裡工作，遇到韓南兩人一見鍾情，不到三星期便旋風般地結婚了。我們可以想像一個矜持靦腆的學者，愛上一位坦率的醫護女子，兩人都離家獨居，一旦表露情感便一發不可收拾。他們生了孩子後韓南仍是個窮學生，嬰兒不知爲什麼吃了奶總嘔吐，不斷嚎哭，一天天消瘦，他們沒車只好抱著孩子坐大巴到處求醫，最後診斷是先天腸道畸形堵塞，孩子已奄奄一息，馬上開刀救了他一條命。這是他們夫婦一段刻骨銘心的經歷。

1957年韓南到中國進修，安娜便領了學步不久的兒子乘了海輪，萬裡迢迢投奔人地生疏的新西蘭，才發現在鄉下的韓南家雖然曾出過主教，卻仍然沒有電力，太陽西下人人便上床睡覺。但他家人待這德國媳婦極好。

安娜把家整理得一絲不紊，讓韓南無後顧之憂專心做學問。她理財有道，省吃儉用在離劍橋約兩小時外的科德角海邊買了一塊地，建築了兩棟房子，一棟自己周末和假期住，躲避了許多劍橋無謂的應酬；一棟租了出去，後來賣了讓他們晚年生活很優裕。

韓南做了哈佛燕京社社長後常到中國甄選有潛力的學者，讓他們到劍橋進修，安娜有時也跟著去。她一句中國話都不會講，但愛看京戲。有一次韓南要複印一些書，列了單子給她，叫她把單子交給圖書館複印員。安娜只見那幾位年輕女子用手抿著嘴巴偷笑，回去問韓南複印了什麼，原來全關於床第之事。

安娜除了種植花草和聽歌劇外沒有什麼嗜好。最大的享受是每星期天早上烹一大壺咖啡，和韓南對坐著悠閑地看厚厚一疊的周末版《紐約時報》，與他評論時事。夫婦兩人都非常反戰。談到美國進攻伊拉克尤其激動。安娜總對毓賢說：“你知道嗎？訓練軍隊就是教他們殺人。經過這種訓練後叫他們怎能過正常生活呢？”她熱心公益，哈佛校園裡每年捐血運動她總不遺余力。毓賢爲旅美中國學人洪業作傳，此書哈佛大學願意出版很得韓南的支持。他說他把稿子帶回家，愛不忍釋，一口氣把它看完。

我們搬到加州後，毓賢到東岸出差安娜偶爾與她相晤。瑞思稍大後，毓賢和女兒相約每五年在紐約一同過複活節。瑞思十九、二十四、二十九歲時安娜也參加她們母女的聚會，三代女人一起逛博物院，吃館子，看戲，參加紐約獨特的“複活節遊行”。所謂的遊行，只不過是大家戴著奇形怪狀的帽子在第五大道招搖過市，非常開心。韓南和我都沒份。

韓南跟絕大多數人都合得來，尤其愛學生，但似乎沒有特別推心置腹的朋友。他們結婚六十周年紀念在劍橋一個小旅館裡設宴，除毓賢外只有家人和來自科德角數十年來同話家常的鄰居。韓南夫婦可以說就是彼此最好的朋友。

安娜數年前患了帕金森病，韓南平和地對毓賢說：“我

們到這種年紀患這個病，好處就是病情進展得慢。"毓賢聽
了很辛酸。安娜不能自理後韓南對她照顧無微不至，事事
躬身親為，安娜對此很內疚，毓賢總對她說："你服侍他這
麼多年，輪到他服侍你了，不是應該的嗎？"勸韓南多雇人
幫忙。

安娜屢次進醫院，去年終於住入療養院。不幸韓南也
病了，可是因病狀不同必須住在另一個療養院。家在數小時
車程外的兒子媳婦常來看他們，在哈佛接替他職位的王德
威，住得不遠的魏愛蓮，《哈佛亞洲研究學刊》的編輯韓
德琳(Joanna Handlin Smith)也不時去看他。我去年八月到
劍橋，從加州帶了袁書菲送他的 iPad 去見他；他雖然瞎了
一只眼睛，仍相當樂觀，說《蜃樓志》已付梓，可開始譯
《平妖傳》，這本書太有趣了。我怕久坐他會累，但他留
我坐了一個半小時。

曾和我一起上韓南課的梅維恆來電郵說他大概是韓南
最後見的人。他四月二十五日到哈佛開會後去看他："他見
到我就呼叫，'啊，Victor，我見到你好高興！'說得那麼激
情，又像是很釋懷的樣子。接著又重說一遍，'啊，Victor，
我見到你好高興！'他說我的名字時特別溫柔，我將永遠也
忘不了。"韓南似乎不知道安娜在哪，對梅維恆說很久沒見
她了。又告訴他兒子很關照他們，請梅維恆告訴兒子不必替
他擔憂，他很好，安娜也很好。韓南第二天便去世了。

韓南就是這樣一個本性安之若素，處處爲別人著想的人。他順暢的學術生涯必然助長了他這趨向。

(原刊於《东方早報：上海書評》2014 年 5 月 18 日)

海陶瑋、韓南和艾朗諾1987年在麻州阿靈頓艾家院子

韓南夫人安娜 1994 年
復活节和筆者与女儿
在紐約吃早餐

2011年韓南夫婦在麻州劍橋慶祝結婚五十周年紀念，与儿子、
媳婦、两个孫女、孫女婿和安娜从德國赶来的妹妹(右一、右
二)以及筆者合摄。韓南辭世後还不到一年，儿子死於心臟
病，患有帕金森症的妻子也相繼去世。

謎樣的趙如蘭和她的父母親: 趙元任與楊步偉

　　我認識如蘭多年，她是個我仰慕的人，但長久以來對我是個謎。一直到她去年11月逝世後，我到網絡上查詢消息，在香港中文大學的網站上讀到她1995年用英文寫的《素描式的自傳》，才對她有點了解。我這一年來常想到如蘭，試圖拆開這謎團，有下面的一些感想。

　　1971年我在華盛頓大學讀完比較文學碩士，便跟隨新婚不久的艾朗諾坐三天三夜的火車從西岸到東岸；他在哈佛大學讀中國文學，我沒找到適當的工作，就在校長辦公室做個小秘書，中午常穿越校園去和朗諾同吃午餐，就近光顧心理學系大樓的自助餐廳，總見到一位衣著光鮮的中年華裔女子和一位白人共餐。朗諾的同學告訴我她是趙元任的女兒趙如蘭，除教漢語外還在音樂系授課。我問："那人是她的丈夫嗎？""不，那是白思達（Glen Baxter）！她的丈夫卞學鑛是麻省理工學院航空物理系的名教授。"

趙元任我聽說過，當時只知他是語言學家和替《教我如何不想他》譜曲的人。趙太太楊步偉在華人社區和趙元任齊名，著有美國第一本暢銷的中國菜譜。而白思達在哈佛挂名是講師，主要卻是輔助哈佛燕京學社社長行政。我很好奇：趙如蘭為什麼不跟其他漢語教師吃飯？她和白思達天天談什麼？

不久就有近距離觀察如蘭的機會。她常和她丈夫請系裡的研究生到他們家聚餐，菜肴很豐富。夏季來了，葉嘉瑩照例到劍橋和海陶瑋教授一起研究詩詞，我們跟葉嘉瑩和趙鍾荪本來認識，如蘭請他們夫婦又邀朗諾和我做陪。也就在如蘭家一個迎春會上，有一群學生包圍著洪業聽他講往事，如蘭歎說真該有人錄他的故事。我受了啟發要求洪先生讓我錄他的回憶，於是寫成《洪業傳》。

趙如蘭那時已五十出頭，是個公認的美人，不是嬌媚而是俊俏，有點男子氣概，說話走路都那麼明快。她非常好客，但似乎只供應餐飲，話不多，尤其不講客套話。華人間相聚熱衷評頭論足她從不參與，更從不掏心掏肺地自我表白。學鑛話更少，近乎木訥。然而跟他們在一起並不覺得不自在，因為他們總是一團和氣，就希望大家高高興興。大家常到他們家吃飯似乎也覺得是應該的。早些年趙元任夫婦在劍橋好客，他們去了加州，這傳統理所當然地由他們的長女如蘭承襲下來。

有一次趙元任夫婦來劍橋看女兒，我們終於見到這兩位名人。一個晚上盡是趙太太講話。最記得她說："我們外孫女比父母都強，在華盛頓當官！"原來如蘭和學鐄的女兒是祖父母帶大的，在聯邦政府任職。趙太太"厲害"凡人皆知，果然名不虛傳。我更想知道：如蘭有這麼一位言語犀利，喜歡逞強的母親，是怎樣走過來的？

如蘭和學鐄在劍橋自然是令人羨慕的一對。但1974年音樂系推薦校方把如蘭提升為哈佛有史以來第二位女正教授時，不服氣的大有人在。她不僅是女人，還是東方人；況且如蘭四十年代便開始在哈佛幫助她父親教漢語，也做過蒙古學家柯立夫的助教，後來自己授課了，東亞系的人仍習慣把她視為普通語言教師，不懂她在音樂系搞什麼名堂，反正是旁門左道；多少學問淵博著作等身的學者在哈佛都沒當教授，憑什麼輪到她？

一年後校方居然又任命如蘭和學鐄共任南舍院（South-House，現叫Cabot House）的院長，成為哈佛有史以來第一任不是白人的舍院院長。這就更轟動了，哈佛本科生照規矩第一年住在老校園宿舍，第二年分流到各舍院。舍院有各種課外活動，有研究生做輔導員，還有象征家長的院長；學生在舍院裡往往結交到些終身朋友，對舍院很有歸屬感。舍院院長傳統上請特別有名望的資深教授擔任，主要任務是辦晚會。如蘭獲此殊榮，不少人嘀咕說她搭上平權運動的順風車了。

說這話是有緣由的。一直到七十年代，美國學界是男人的天下，而且幾乎清一色是白人，這現象不限於學府，可以說略有地位有權威的位子差不多都被白膚色的男人占據。電視台的主播當然是，所報道的新聞人物也是，各機關發言人盡是，因為決策者全都是。經長期抗爭，黑人於1964年終於爭取到國會通過平權法，結束法律上的種族歧視。平權法通過前夕，有些保守的南方參議員耍手腕添進一條也不可歧視婦女的條例，想讓這法案遭否決，因為即使贊成黑人不該受歧視的立法委員，許多仍認為男女不平等是天經地義的；誰知這條例居然陳倉暗渡了。第二年"平等就業機會委員會"成立，起初對女權不甚注意，但1968年始便規定招聘員工不准預設男性或女性。七十年代各大機構備受壓力，紛紛設立"種族多元"和"男女平等"數據指標。不少亞裔婦女頓然獲得空前的晉升機會，因種族成見深的機構，寧願雇用亞裔而不用黑人，而聘任亞裔婦女則有利於達到"種族多元"與"男女平等"的雙重目標。我可不諱言本人也搭上了這"順風車"：我獲企管碩士後，被波士頓名氣最大的銀行聘為投資分析師，發現它剛解雇一位香港來的男士，我正補上這缺；這銀行當時並不在亞洲投資，爲何專找華人就耐人尋味了。

卞趙夫婦當了舍院院長，指派朗諾和我做南院的附屬學人，幫他們和來賓周旋，我方知道如蘭並不嫌我話多。

朗諾和我從學生宿舍搬到教員宿舍後，房子大些，偶爾也請他們來吃晚飯。記得有一次7月突然來了寒流，朗諾在壁爐生了火，四人圍坐在熊熊熱火邊感到很溫馨。另有一次在他們家，已是80年代了，陸惠風夫婦也在場，不知誰說中國的房地産松動了可以買賣，一萬美元就可買到北京很不錯的四合院，大家起哄著要合買一棟，裝修了到北京便有地方住！那時到中國去是件大事，說着玩而已，可是偶尔想起还是很懊悔没当真。

朗諾1987年離開哈佛到加州大學聖塔巴巴拉分校教書後，我們仍和如蘭保持聯絡。《趙元任音樂作品全集》(上海音樂出版社，1987)出版，她寄了一本給我們。1996年她和學鐄到加州玩，在我們家吃了一頓飯，詳情我記不清了，只有照片爲證，內除了他們夫婦、我們夫婦外，還有如蘭的學生林萃青，以及朗諾的老師白先勇，大家都喜滋滋地眉開眼笑。

我2003年與普林斯頓的周質平教授合作，用英文撰寫胡適和韋蓮司長達半世紀的友誼和愛情，搜集資料時發現趙元任也認識韋蓮司，稱她爲"胡適與我的共同朋友"。我到劍橋便去看如蘭。那時如蘭和學鐄已八十多歲，兩人走路掛著拐杖。如蘭對韋蓮司沒有印象，但對我說她父親和胡適情同手足。胡適四十年代有一個時期住在劍橋離趙家不遠的旅館裡，在趙家吃飯，如蘭說："我總打電話去說'開飯了！'"接著如蘭轉用英語說："我父親和胡適不同，胡適是個公眾人物（public figure），我父親是個過私人生活的人（private　individual）。"我注意到她廚房裡大盤小盤泡著冬菇金針菜等，她說第二天要請二十多個人吃飯。辭行時如蘭問我還要到什麼地方去，我說要去看韓南夫婦，不遠，可走過去；如蘭便對學鑛說："我們載她去吧！"說著便抓了鑰匙促我上車。學鑛開車，我坐在後面，如蘭轉過頭來問我："朗諾退休了沒有？"我愣了一下，說："他才五十幾歲，還沒打算退休。"如蘭對學鑛說："沒想到朗諾比我們年齡小那麼多！

　　如蘭和我們父母親的年齡相若，又當過朗諾的老師，我們一直把她當長輩。原來如蘭從來沒把我們當晚輩！我很詫異她"輩份"的觀念居然這麼淡。美國人是不講輩份的，現在看了她《素描式的自傳》才了解：她九十多年的生命中，在中國斷斷續續只有十多年。無怪乎"中國化"了的朗諾，和我這在美國住了四十多年的菲律賓華人，比她更"中國"。

　　2007年到劍橋再去看如蘭，這次向她要她父母的照片，她有點不放心地把牆上挂的相框摘下來，讓我拿去複印。

還照片時學鑛午睡醒了，默默地坐在椅子上，膝頭蓋了被，看上去相當衰弱。

最後一次去看如蘭，大概是大前年吧。學鑛已去世，周質平和我的書香港中文大學出版後我寄了一本給她，但我提及書上和她父母親有關的情節，她便笑眯眯地說"趕快寫下來！"回答了她一些問題，她數分鐘內又笑眯眯地問同樣的問題。我才醒悟她患了失憶症，心裡非常震撼，又慶幸她有個幺妹照應她。

相處這麼多年，我只聽如蘭說過小時候喜歡打小鼓，除此外她從不談自己，也不談家人。"文革"時她最親密的二妹在長沙被當特務抄家監押，她父母親到北京獲周恩來接見等等，我都沒聽她說過。

我不是如蘭的學生，朗諾選過她中國音樂的課止於好奇。她逝世後，先後在普林斯頓和加州大學教書的Perry Link，在"財新網"英文版(2013年12月20日發表一篇很感人的文章，描述如蘭為人師的威嚴和魅力：

聽來也許怪怪的，一個來自紐約上州的十九歲男孩怎可能愛上一個四十一歲已婚中國女人呢？事實就仿佛那樣。她在課堂上蹦蹦跳跳，像皮鞋裡有彈簧似的，而她講漢語的聲音那麼清澈動人，讓人非要把漢語學好不可。有些學生背地裡替她取了個诨名叫"龍夫人"（dragon lady），但他們弄錯了，她不是凶而是嚴謹，如果你的"喝"聲喉音不夠，她便命你反複再說。

有所謂"嚴厲的愛"，別人感受到的是"嚴厲"，而我感受到的是"愛"。班上不止我一個，另有個大二生......和我同是如蘭迷，下課回宿舍途中我們便遊戲般，使盡所有的詞彙用漢語交談。可惜我早已和他失去聯絡。

除我之外，跟如蘭開始學漢語日後成教授的包括傅高義、魏斐德、黎安友......

到了台灣最令我錯愕的是沒有人講像如蘭的漢語。我不是指大多數人說台灣話，也不是指他們講漢語時帶有很重的南方口音......而是沒人講得像如蘭那麼鳴鐘似地清澈，而我以為"漢語"就該是那樣子，恨不得要如蘭到台灣糾正所有人的發音；那當然不可能。寫信向她請教應怎麼辦，她回信說："堅持按照我教你的這麼說。"

....

我博士論文寫二十世紀初上海通俗小說的興起，把論文獻給如蘭。別的研究生——恐怕我研究院的導師們在內——都很詫異，他們目中她只不過是位語言教師......但我深感若不是她把我漢語教好，我根本沒法了解中國文化......

我搜集胡適與韋蓮司的資料時，曾把楊步偉的《一個女人的自傳》與《雜記趙家》以及《趙元任早年自傳》草草翻過，主要是想摸清楚他們幾個人之間的關系。最近重讀一遍，這次想了解如蘭的成長環境。

楊步偉真是個奇女子，1889 年生長在南京一個複雜的大家庭中，三十四口人加上傭仆與爲數不少的長客，住在一百二十八間的大宅裡。她九歲時家搬到延齡巷宅院就更大了，有網球場、竹林、照相暗房等。她祖父楊仁山是金陵刻經處的創辦人，雖然信佛，思想先進開明，暗地裡贊助革命；楊步偉兩個姐姐和二姑母不願嫁人，祖父不勉強她們，各分了田地，這在當時社會簡直是不可思議的。但楊步偉出生時祖父在英國做參贊，祖母作主把她過繼給了仍沒有孩子的二房，又指腹爲婚把她給大姑母做媳婦，只貪圖讓自己的女兒和娘家添加一層關系。楊步偉的生母舍不得也只好吞淚依從。於是楊步偉一出生便有一大堆人爭著寵愛她，偏偏她淘氣好動，不愛女裝愛男裝，大家叫她"小三少爺"；我們現在讀她的自傳會感到她小時簡直是賈寶玉再世，卻樣樣都反過來，而在這大家庭中最呵護她的不是祖母而是祖父。

楊步偉從小把自己定位爲"討厭精"，對自己聰明能幹非常自豪。且看她的表白：

我脾氣很躁。我跟人反就反，跟人硬就硬。你要是跟我橫來，我比你更橫；你講理我就比你更講理。我最愛替受欺負的人打抱不平。我看見別人有不平的事情，我總愛去多管閑事。（《自傳》，一）

我到今天也學不會外國開會式的交際談話，非得等一個人一串話說完了你才能說，等輪到我說時我早把我要說的話忘記了。並且碰到個貧嘴的人你不打他的岔怎麼止得住他呢。（《自傳》，八）

原來我一小，祖父一有東西分時總喜歡叫我來分，因爲我總給分勻了……你知道一個小孩子別人越拿他當大人他就越做大人。我被他們這樣以鼓勵，就更起勁做。（《自傳》，十）

她十九歲獲祖父的支持寫信去把和表弟的婚約退了。辛亥革命後南京政府成立，有五百多員的半文盲"女子北伐隊"不知怎樣打發，革命軍就建立學校給她們受教育，請楊步偉去當校長，於是才二十歲的她便當了校長；校址設在一所大宅院裡，前面歸學校用，後面歸一位軍長用。不料軍餉發不均學校被叛軍包圍，楊步偉解圍有功，二十八個爲首的叛兵正法時就請楊步偉監斬；她看著他們一個個被砍頭，因沒有辮子了無法挂，就用一個耳朵釘了挂在大門口兩邊。

楊步偉沒辜負她祖父的厚望，他過世後家裡許多事都靠她解決和擺平。1913年張勳攻打南京再抓革命軍，那軍長逃命，把妹妹和兩個兒子交托她帶到日本。她在東京大學女醫學校以優良成績畢業，除學了日語德文外，還學會自己燒菜；她父親去世四十二天應由女兒送酒席上祭：

　　　　我說讓我自己來做一桌二十四樣孝菜上祭，大家一聽了哄堂大笑……大姑母和一個本家舅舅嘴最尖，說，對了，你做的菜只好請死人吃……我再用這個加那個，那個加這個做出一大些叫不出名字來的菜……上過祭以後大家都來嘗嘗，非常的好……結果我母親忙的分菜，一共分成四桌，全體坐下吃著誇著。大姑母第一個佩服倒了，從此只誇不罵了。

　　　　　　　　　　　　　　　　（《自傳》二十八）

　　楊步偉和趙元任結婚後，放棄了和另一位女醫生在北京開的醫院，跟隨他到麻州劍橋住了三年。趙元任1925年到清華教書，她開了診所提倡節制生育；趙元任到華盛頓當清華留學生監督，兩人又在美國住了一年多；途中到歐洲玩了一年才回國；1937年中日戰爭爆發後，他們輾轉從南京、長沙、昆明逃難到美國，自此在美定居。她熱心公益，常帶頭替中國賑災募款，趙家成了個留美學人的活動中心。

溫文爾雅的趙元任比楊步偉小三歲，怎樣愛上這位女強人，如何能忍受她剛烈的性情，是個饒有興味的問題。

《趙元任早年自傳》大半是本來用英文寫的，他去世後1984年由台北傳記文學出版。我們讀了知道他小時隨做官的祖父到處搬家，十一歲父母雙亡，被親人呵護著卻沒什麼人管，過慣優裕的生活；十七歲獲庚子賠款公費留學，在美國十年，先在康奈爾大學讀數學和物理，再到哈佛念哲學，到處受教授們器重。

趙元任一向面臨最大的難題就是可任他選擇的太多了。他說他讀完博士後，"不曉得做什麼、到哪裡去，不論就地理、國別而言，抑或就學術及感情而言。我獲得哈佛謝爾登旅行獎學金，就該從事研究哲學，可是我卻浪迹天涯而不作有計劃的旅行。"他到芝加哥和加州"浪迹"了一年，猶豫很久才決定接受康奈爾的聘書去教物理；第二年請假到中國去，主要爲解除長輩替他定的婚約。

相信聰穎過人觀察力超強的他，不免有點自滿，但對人對事還是習慣性地畢恭畢敬的。遇到楊步偉，他發現中國此時居然有這樣有趣的漂亮女醫生，總做些令人驚訝的事，向陳規挑戰，卻又洞悉人情事理，完全可以和他分庭抗禮，跟她在一起他永不愁沈悶，便把她當曠世珍品欣賞，甘願讓她占上風，以她爲傲。

趙元任大概亦是楊步偉平生第一個讓她心悅誠服的人。他偏於客觀而抽象、含蓄、被動、怕事，這都是自己承認的；而她主見很深、伶牙俐齒、果斷、最愛興風作浪；兩人卻能互相尊重，相輔相成，不啻成立了個終身互慕社。趙元任在中國這一年不但解決了婚姻問題，還解決了他的文化認同問題，更解決了他一生專業的問題。楊步偉這樣寫道：

> 他早已美國化透了……可是出了一件事情使他永久在中國了，就是人不在中國，精神老是在中國了……趙元任找到了他的本行，找到了他本國。因為他找到了我。（《自傳》三十三）

她說她丈夫因她而找到"他本國"有佐證：和胡適一樣，趙元任許多價值觀是在留美期間形成的，常感到有需要向朋友坦白交代他"以前的我"怎成了"現在的我"，是否背叛了當年的理想。胡適寫信給韋蓮司交代，趙元任起初也勤寫信給韋蓮司，後來幹脆用英文寫公開信發往中外友人，印數達數百，用綠封面裝訂，叫"綠函"，加州大學伯克利校區Bancroft圖書館趙元任檔案裡保存了他的"綠函"與他寄給韋蓮司的信。他1921年4月的"綠函"說：

我仍"美國化"嗎？如果"美國"代表西方文明的話我仍舊是的，但很奇怪，我回來馬上感到在"中國"和"西方"之間，我"中國"的成份還是比較多。我以為我離開美國會惘然若失，但這種感覺並不常發生而且很短暫……我1910年不喜歡北京。現在卻喜歡北京。屋子裡有暖氣便不感到冷……我寫上次的信時，可以說是以前的我，為了和人相處好往往蒙上保護色。我以前聽不懂人家說"盎格魯－薩克遜的虛偽"，因我自己也有點"盎格魯－薩克遜"，但我最近變得比較"中國"，因此您必須把我當為一個有新想法的新人看。

寫此信時他已決定和楊步偉結婚。

趙元任自傳裡說他中學時代便決定做個"世界公民"，從小到處漂流的他，以為四海都可以為家，但相信也感到仿佛無根浮萍似地無所適從。他現甘願讓在中國文化土壤中根深蒂固的楊步偉像一條線拴住他，讓他不至離地面飄得太高太遠。套胡適的話說："甯願不自由，也就自由了。"

他1918年曾寫信給韋蓮司說他獨自在麻州鄉下山水間漫遊，竟忘了身在何國何世。1921年8月婚後回韋蓮司的信說："你問我幸運的妻子是否會跟我一起到劍橋，應該說她幸運的丈夫跟她在一起才對。可惜我講英語的朋友們將不易理解我這句話，因為她的思考和表達方式都是中國型的。"

結婚已四年後的1925年發自巴黎的"綠函"道："我是不是在情網中？是，即使我已結了婚。跟誰相愛呢？自然是我的妻子。"又說："我對人對事最厭惡的是什麼？就是陳腔濫調和虛偽。"世界上大概很難找到第二個人比楊步偉更不虛偽更少陳腔濫調的了！

然而，楊步偉說趙元任因她而找到他本行卻言過其實。趙元任從小便喜歡學各地方言，留學期間常和胡適討論中國語言問題，如怎樣讓全國人民有共同的語言，怎樣改革文字消除文盲等，有文章在《中國留美學生月報》上發表。他在哈佛就開始選修語言學，1920年到了北京恰巧"國語運動"如火如荼，但什麼是"國語"大家議論紛紛，他被選爲教育部國語統一籌備會的成員，馬上把研究漢語語法，統一"國語"發音視爲己任。

楊步偉又說趙元任不回康奈爾而到哈佛教書，目的要在哈佛進修語言學，和趙元任的說法不同。他自傳裡說理由是康奈爾醫學院不在綺色佳而遠在紐約市，而哈佛的醫學院就在附近，便於楊步偉准備在美國從事醫務工作，但因她懷了孕作罷。兩人說法不一，可能反映他們夫妻間罕有的分歧。楊步偉在《雜記趙家》裡（第十九章）說他們共同生活數十年最大的爭吵，便是趙元任一到美國就要她學英文而她不願學，覺得日常生活能應付就行了，可見楊步偉沒打算在美國扎根。過了三年她便催丈夫回中國。

父母親密無間，往往會令兒女感到自己是外人，何況母親事事逞強，作為長女的如蘭首當其衝；楊步偉在美國仍我行我素，不時用她文法不通的英語奚落人，必定讓如蘭這做女兒的也會感到尷尬，對這母親的感情更複雜。

楊步偉的《中國菜怎樣做怎樣吃》（*How to Cook and Eat in Chinese*）是1945年由賽珍珠第二任丈夫創辦的John Day Company出版的，著者雖說是楊步偉，其實付諸文字的是如蘭：母親講，女兒錄，而經如蘭編撰修潤成書。序裡有一段坦直地談她們母女相處不融洽：

> 寫這本書，我不知道罵了如蘭多少趟，她回我，兩人又爭執不休，如果不是無數好心的朋友勸阻，我們母女關系早就完全破裂了。諸位必定了解新式女兒和我們這些自認為新式母親間的糾葛。何況我們兩人飲食、烹飪、講話、寫作的經驗都不同。幸虧完成最後一章我們和解了，我現在可趁機告訴讀者此書所有的長處都應歸我，所有的短處都歸如蘭。

這食譜很特別，有趙元任的腳注，大多解釋一個名詞，但有些則是他跟楊步偉近乎打情罵俏地抬槓。

食譜非常暢銷，英語因而多了個常用字，就是 stir-fry。

之前英語只有"烤"和"炸"，而沒有"炒"這動詞。賽珍珠又鼓動楊步偉出《自傳》，這次楊步偉寫，趙元任譯成英文，1947年便出版了，到1967年才有台北傳記文學的中文版，中文版和原版間有些出入。此書講到她和趙元任結婚，只有幾處談她的女兒，呼名提及如蘭的只有一處：

> 前些年我的女兒如蘭慨歎婚姻與事業不能兩全，我就罵她淨背些陳舊俗套的成語，從舊思想裡如何能有新眼光呢？並他(她)自己也不用著愁，因爲那次的話說了沒有多他就結了婚了……(《自傳》，三十四)

傳記文學1972年又出了楊步偉的《雜記趙家》，講到趙元任退休，寫得實在說不太好，本來是在《傳記文學》雜誌上連載，想到哪就寫到哪，而且自圓其說的心態甚重，自己也承認。序裡提到預備出英文版，結果沒實現，理由很明顯：除上述的短處外，中文讀者對陳寅恪、傅斯年、徐志摩、金岳霖等人物和趙元任本來就感興趣，對英文讀者來說則是一大串陌生的名字；她有時又用不屑的口吻介紹歐美風俗習慣，更不易討好；而許多能令中國讀者會心微笑的細節，英文讀者也不可能領會。

此時楊步偉已八十多歲，談到已屆中年的女兒筆觸婉轉些。她坦承自己不愛帶孩子，如蘭主要是由父親帶大的；說如蘭兒時淘氣，但贊她每次到美國學業很快就趕上了。美國1941年參加盟軍作戰後學鑌加入海軍陸戰隊，楊步偉對如蘭怎樣於學鑌入伍前夕和他訂婚，在他退伍前不聲不響安排好婚禮讓他驚喜，有很有趣的敍述，卻有一段透露她們母女間的競爭：

> (檀香山)中國城發起開國語課……結果請了我和大女如蘭兩個人去教了……年老的學生在我班裡，很多年紀比我大，還有孫中山先生的朋友呢。年輕的在我大女班裡，也是年紀比他(她)大，因爲他那時才十六歲。因爲他的國語實在好，又是天生的教書匠。他很知道怎麼教法，就是有時常到我班裡來抗議，因爲我的聲音大，往往他的學生不聽他講而豎起耳朵來聽對門我在講和教，他就來請我聲音小點，免得兩面混亂了。（《雜記趙家》，十二章）

我尋找胡適資料時，在中國社會科學院檔案裡發現一張四人合照的相片，除胡適和兒子祖望外，有位瀟灑的年輕人和位穿白衣的中年女子，我懷疑那女子就是胡適四十年代的護士與情人，而男子是胡適好友金融家徐新六的兒子徐大春。徐新六1938年乘的飛機被日軍轟炸身亡，胡適和當時在上海辦保險業的美國人施太爾(C. V. Starr)負起監督徐大春受教育的責任；後來徐大春成了施太爾的左右手；施太爾無子嗣，設立了個龐大的慈善基金會，徐大春多年任其會長，造福各地教育機構，包括冠Starr名的哥倫比亞大學東亞圖書館，以及加大伯克利校區的東亞圖書館。我到紐約拜訪久仰大名的徐大春，他老先生健談得很，呵呵大笑說我猜的一點都沒錯。談到趙元任，他說他四十年代有個暑假在趙家住，趙伯母很喜歡他，常要他陪她去買菜，但喜歡罵人。他親眼見到費正清夫人費慰梅（Wilma Fairbank）到趙家赴宴，受她奚落沒吃完就含淚離席——這費正清夫人也並不是輕易讓人欺負的——"可憐如蘭長期活在她母親的影子下。"他感慨地說。

趙元任是個明白人，我們讀了如蘭的《素描式的自傳》，就知他完全了解楊步偉的脾氣大大壓縮了孩子們的空間，刻意為孩子開辟另一個園地，是楊步偉沒興趣侵入的，這園地就是音樂。所幸四個女兒都有他的音樂基因，尤其是長女如蘭。

從《素描式的自傳》敘述的另件事裡，也見得趙元任確是位不平凡的父親。他1938年決定攜妻女赴美避難，為幫助女兒練習聽英文，在昆明每天讀一段馬克吐溫的《哈克貝利‧芬歷險記》給她們聽。這部書是關於一個被父親虐待而逃家的男孩，遇上一位偷跑出來的黑奴，兩人相濡以沫。

此書在當時是具爭議性的，內有不少粗話，而且暴露美國社會對黑人的殘酷，並不是一般父親替十來歲女孩選擇的讀物。

《趙元任音樂作品全集》附了如蘭本來用英文寫的《我父親的音樂生活》，說趙元任有個愛吹笛子的父親和會唱昆曲的母親，自幼受音樂熏陶，到了美國又正式學和聲、對位、聲樂和作曲，還學了幾年鋼琴。他在康奈爾時把《老八板》和《湘江浪》改編爲風琴曲，曾由該校的風琴師公開演奏；他1928年出版的《新詩歌集》收集了替劉半農、胡適和徐志摩這些朋友的新詩譜的曲，常采用中國傳統音樂詞彙。如蘭說她父親晚期的作品把東西方音樂的特色成功地糅合了。

這《全集》也附了《新詩歌集》原序，討論國樂和西樂的同異，替中國詩配音樂應怎樣處理平仄和平上去入等。趙元任說他寫的歌曲預料中國人聽了仍感到它是外國音樂，而西方人聽了則會覺得它不是中國音樂，因爲他們認爲中國音樂是只用五個音五個音階，全篇用傳統和聲的東西；但"我們不能全國一生一世穿了人種學博物館的服裝，專預備著你們來參觀"。他說要看音樂好不好，就問和它長期相伴會不會仍覺得它可愛、溫暖、生動。

如蘭繼承了她父親對節奏、旋律和音色特別靈敏的觸覺。讀了《素描式的自傳》，我們就知道音樂成了她和這位不多說話的父親間的共同語言，也成爲她探索四周複雜紛纭的環境的管道。透過音樂，她可以撇開心煩的政治，領會家裡老媽子和街上販夫走卒的心情，流離失所難民們的苦痛，到前線衝鋒陷陣的軍人的感受，以及歐美人的情懷；對她來說不管局勢如何，誰是誰非，這些情感是真摯的，而反映真感情的音樂都值得珍惜。於是她有機會便搜集民間音樂，試圖厘清各種流派，探討音樂跟日常生活、跟戲劇的關系，從而擴展了中國音樂研究的領域。

《素描式的自傳》是如蘭爲《中國音樂研究會學刊》(*Journal of the Association for Chinese Music Research*)創刊號寫的。如蘭和她的學生以及她學生的學生，便是這學會的主要支柱。這篇很長的"上文"沒有下文，而且說是自傳，很大程度上還是寫她父親。

記得我和如蘭談到胡適時，她突然說她父親和胡適不同，是個過私人生活的人。我當時很不以爲然，心想："令尊在許多人眼中亦是個公衆人物！"現在才領悟這是如蘭替她父親的定位，也是替自己的定位。只因如蘭是趙元任的女兒，人們對她有太多的"想當然"了；身世顯赫的她，能夠遠離是非過平實的生活實在不易，多少名人子女被毀了。其實她的處境很複雜，說也說不清，而且一不小心就仿佛是炫耀。她不談自己是一種保護色，防止自己成了他人各樣投射的産物。

如蘭沒有她那一代女人常有的心計或浮躁，因她沒有那種需要，她盡可以安心生命的筵席上有她的座位。是的，如蘭是個命運的寵兒，但她執意不讓自己被慣壞。她的作風和她母親恰恰相反，卻可以說體現了她父親心目中的理想音樂——糅合東方和西方的特色，和她在一起長久覺得她可愛、溫暖、有生趣。

素描式的自傳(趙如蘭 撰 陳毓賢 / 選譯)

我一生在美國和中國之間穿梭不知有多少次，沒想到我三十多年來的家，竟在劍橋，離我1922年4月20日出生的奧本山醫院僅僅兩條大街。我出生時父親是個年輕哈佛講師，教哲學和中文。我取名如蘭，因蘭是我母親的乳名……我兩歲時，妹妹新那只有一歲，父母親爲要回中國前到歐洲各地旅行，便把我們寄托在個住巴黎的法國人家看顧。聽說我們這兩個小孩到了北京仍只會說法語。

做我父母親的女兒有時確實不易，卻從不會覺得沈悶。

父親到中國各地做研究，作田野調查，教書，又數次到美國。我們在中國除了北京的清華園外，住過上海、南京；中日戰爭時則逃難到長沙和昆明，馬不停蹄。我們一家人很親密，但到處需適應新環境，有的地方學校用英語，有的用漢語(法語早忘光了)。我大二入雷德克利夫學院(當時是哈佛的附屬女校，後來合校)之前，在中國上過六所學校，在美國上過五所學校。

我父母兩人的性格都很突出，相遇之前各已有多彩多姿的生活。他們各寫了自傳……我和我的妹妹們常遇到一些對我們父母行蹤比我們更清楚的人。最令我難堪的一次是南京入中學口試考官問起我父母，我報上父親的名字，他馬上另眼相待，但突然詭異地笑問："你知道你父親這一刻在什麼地方嗎？"這可不簡單，數天前我忙著准備入學考試時父親剛剛出門，但到什麼地方我不清楚，後來才知報上有報道；只好低聲回答："不知道。"考官轉身大聲地對坐在他旁邊的同事說："趙元任到惠州考察方言去了。"他也許借此向我和他的同事炫耀他消息靈通。不知是否因此我口試沒通過。

因常搬家的緣故，也因我父母付不起學費，我很少有機會正式學鋼琴……然而父親總想法子讓我們家裡有台鋼琴，只逃難時在長沙和昆明沒有。我和新那很小就學會看五線譜，好玩地彈琴自娛。我彈得像點樣子後，便常和父親四手聯彈簡單的曲子。我們從小也常一起唱歌，有時父親伴奏，更常的是他和我們分兩部或三部混聲清唱。舒伯特是父親最鍾愛的作曲家之一，但我們唱的大多是他自己譜的歌曲。他隨身帶了小本子，裡面都是要讓我們分部合唱的歌；在家裡或在戶外沒事時，他便把筆記本拿出來和我們一起練唱。我記得有一次我們三個人到北京郵局等一份掛號信，坐在板凳上便看著筆記本上的歌譜唱起來。當我兩位小妹妹來思和小中可以參與後，父親便寫較複雜的歌曲讓我們練習。父親在美國漫長的高速公路開車時，也和我們唱歌消磨時間。回想起來，他對我們的音樂教育是很用心的，雖然看似玩玩而已。他很少對我們訓話，總婉轉地引導我們學新東西，譬如他會把新買的樂譜放在鋼琴上，讓我們自己學。我們彈錯了他會突然出現替我們改正，話總不多。

從1925到1929年我們在清華校園的一些生活細節，我至今記憶猶新⋯⋯王國維也住在附近，我們看著他坐黃包車出入南院，便在背後偷叫他"王小辮"，因爲他民國時代還留著辮子，不肯和別人一樣把它剪掉。有一天我們聽到他竟投湖自殺了，母親被叫到湖邊搶救卻已來不及。她回到家唏噓不已⋯⋯離南院不遠有條鐵路，我們很少注意它，直到一夜鐵軌上載軍火的車廂著火爆炸了，驚醒了我們，窗外整個天空通紅，第二天早上便目睹傷者被抬到校內的醫療室。

還是談較愉快的事吧：我六歲時，迷上了個比我大一歲的小男孩，他可以說是我第一個男朋友，名叫王元化。我五十年後在上海和他又相見，他成了有名的學者和作家。

因父親的興趣所趨，我們姊妹幼年聽的多是西方古典音樂，偶然也接觸到傳統中國音樂。最早記得的是《小白菜》，是從街上的玩伴聽來的。這首歌很悲哀，關於一個叫小白菜的孩子，母親死了被後母虐待。我們鄰居中有些媽媽認為此歌不吉利，不准小孩唱。我母親不阻止我們唱，但告訴我們有些媽媽不喜歡聽它。這首歌只有四行，每行有四個字，我們唱完一行便停一拍，這也是中國四言詩的通常讀法。我後來明白父親為什麼替也是四言詩的《賣布謠》譜曲時用 5/4 拍。

我記得跟女傭也學了一些歌，包括一首開頭是"我家有個胖寶寶"，用的其實是很有名的《蘇武牧羊》的調子。我還學會唱《孟姜女》，相當淒慘，關於一個女子的丈夫被征去建長城，從此就沒回家。新那和我這時候也不知從哪裡學來一首關於紫竹笛的歌，連我父母都喜歡跟我們一起唱……

當時中國的大事當然是日軍侵入華北......年末最令我難忘的是徐志摩飛機失事。他是我父母親密的朋友，常來我家打麻將。他寫詩和話劇，父親替他的《海韻》譜成一首大型合唱的歌曲，至今仍常有人演唱。徐志摩乘機到上海前一夜在我家，大人打麻將時我在父親的書房發現小飛俠彼得潘的中譯本，坐在父親書桌上讀了起來。徐志摩走進書房擁抱我數次說，"小朋友，我明天要走了，你會想我嗎?"我沉迷在書中只覺得他討厭，把他推走。第二個晚上父親便接到電話說徐志摩死了。

......我們1932年起有一年半在美國......老師講到世界各地文化，教我們學美國印第安人隨鼓樂跳舞；她還寫了一首關於北歐的維京人的詩......父親替這詩譜了三部合唱的曲子，讓我們在家一起唱......

我們1933年秋回中國，我在上海覺民小學上了一年便畢業，隨即搬到南京......我學會打小鼓，常和同學們參與各種和愛國活動有關的遊行，記得一次是慶祝蔣介石大元帥的五十歲大壽......我在學校的成績最多差強人意，很多科目都不及格要重修，但課外卻非常活躍，尤其喜歡話劇和各種音樂節目。明德中學教音樂欣賞的老師是楊嘉仁，熱情活潑，令我憧憬當音樂教師（60年代的"文革"中，他是上海音樂學院十七位自殺的教職員之一)。這期間中國興起各種教育革新運動，父親常被邀參與制作提倡兒童和成人教育的歌曲，歌詞多是當時的教育和政治名流寫的，如陶行之、吳研因、陳果夫等，風格和父親 20 年代所寫的藝術歌曲不同。

父親在家仍不斷寫些二部或三部合唱的歌讓我們唱。他1934年帶我到上海百代公司(Pathé Recording Company)錄《小先生歌》，有鋼琴伴奏，大概我未經訓練的聲音恰恰適合灌此教育唱碟……

我們在長沙短短的五個月，是我一生中很重要的階段。我僥幸進入周南中學，照例參加各種課外活動，學校知道我會打小鼓便派我到樂隊，我們常到處向公衆宣揚愛國。同學們叫我"北方人"，因爲我在學校一個聚會上唱父親寫的《我是個北方人》，曲子便是他多年前在美國替"維京人"譜的，新詞則表揚在北方打仗的軍人。我在學校受一位和我有許多共同嗜好的同學的影響，她叫蘇琴（音譯），也打小鼓，我們一起參加樂隊遊行，不同的是她在班上是模範生，我便也開始認真讀書，有生以來第一次每門科目都及格……在長沙接到消息說我們在南京的房子被燒毀……長沙受轟炸，史語所要遷到更內陸的昆明時，我傷心透了，一生住過那麼多地方，最舍不得離開長沙。

我們在昆明前後六個月，父親這期間接到夏威夷大學的聘書。我們在昆明便沒上學，在家補習。父親每天讀一段馬克·吐溫的《哈克貝利·芬歷險記》讓我們練習聽英語……父親在夏威夷大學教了一年後，在耶魯又教了兩年，我們搬到紐黑文，我在小山房中學讀畢業班。父親仍然設法繼續我們的音樂訓練，有一天開車帶我們到紐約城裡第三大道的一家賣便宜二手樂器的當鋪裡，替我們挑選了小提琴、雙管、小號、大提琴，雖然都相當便宜，但當時對我家來說是筆可觀的投資。父親讓我們隨意玩這些樂器，新那卻照舊彈她的鋼琴，小中拉了一陣子小提琴，又恢複彈鋼琴，來思卻努力不懈地吹起雙簧管來，結果吹得很夠水平。我起初對小號有興趣，大概因小號往往是和我以前打的小鼓一起演奏的。我照說明書吹了一段時間，搬到劍橋后才比較認真地學大提琴……

　　我大學第一年在康州大學念……父親1941年到哈佛教書及編字典，我便轉學入拉德克利夫學院，先在哈佛暑期學校選了一門數學和一門音樂課。我雖然長年浸淫於音樂，但一直假定以後將從事數學或某些科學的專業。雖然我父母沒有明示，但我總覺得這是他們對我的期望。我二妹主攻化學；三妹來思得了數學學士和碩士，雖然後來專寫小說；幺妹小中學士和碩士以及後來的工作都和天文物理有關。但暑期學校的音樂教授塔塗（Stephen Tuttle）比教數學的教授有趣，夏季末我便已決定主修音樂。回想起來，我不能說當時對要從事什麼行業有個明確的決定，只感到選音樂史和音樂理論，有更多有意思的理念值得思考......

40 年代劍橋的中國學生已經相當多，就有人要組織合唱團。有趣的是：中國歷來並沒有合唱的傳統，但合唱成了各地中國學生最熱衷的音樂活動......一個合唱團請我當指揮......合唱團裡有個麻州理工學院的學生叫黃培雲，約我妹妹新那出去玩，他成了我的妹夫；另有個麻州理工學院的學生叫卞學鐄......他後來成了新那的姐夫......

我1946年得碩士學位，修的仍是西方音樂史......那時楊聯陞在哈佛教中國歷史，是他提議我回研究院攻讀中國音樂史的......由於我漢學訓練特別差，楊聯陞從一開始便用心引導我進入每階段。我上完數門必修的日文後，他就命我翻譯林謙三(Hayashi　Kenzo)20世紀初寫的一篇論文，是關於一份現存法國國家圖書館裡的10世紀敦煌四弦琵琶樂譜的。林謙三引用許多日本尚存相似的樂譜，楊聯陞要我全篇翻譯，包括所有的腳注，並盡可能找出中文和日文的原始資料，其中有些我多年後才在別的國家別的圖書館裡看到。我花了一學期多的功夫才把翻譯草草完成，但這過程卻讓我受益無窮……

楊聯陞60年代開始便健康欠佳較少開課，但我學術上有什麼問題仍去找他。1990 年他去世前數月，我去告訴他我當選"中央研究院"院士，他高興得幾乎流下眼淚……

50年代初音樂系來了個令人振奮的新教授——甘波斯 (Otto Gombosi)，是位匈牙利音樂理論家，是系裡極少數課後和學生同去校外咖啡館繼續討論的教授。我選了他的研討會，另跟他上了個別導讀的課，他介紹我看薩克斯 (Curt Sachs) 的數本書，包括《古代音樂的源起》（*The Rise of Music in the Ancient World*）和《樂器的內在精神與發展》（*Geist und Werden der Musikinstrumente*），對我很有啟發，後者對樂器和文化的關系有更深的思考。我的德文比日文好不了多少，花很長時間才把此書看完，但一點都不後悔。他許多觀點至今仍影響我，譬如他說音樂往往是怕它消失，或從一個地方遷移到另一個地方時，才會被記錄下來的。我感到中國音樂文獻不少是這樣產生的……從1958到1959年，我得到哈佛燕京學社的獎金在日本逗留九個月，除了學習演奏一些雅樂樂器外，還借機會看文樂木偶戲、能劇與歌舞伎表演……在日本期間我還去了台灣和韓國的漢城……有幸見到京劇權威齊如山，他曾教過梅蘭芳並當他的顧問。齊如山有一次示範京劇的各種手勢，讓我用照相機拍攝……

我1959年夏從東京途經歐洲回美，第二年交了博士論文，畢業典禮上獲悉論文得了Carolyn I. Wilby獎，翌年遠東系升我爲講師，我在此職位十三年。音樂系1962年聘我爲訪問講師，教一門有關中國音樂的課。我繼續教漢語外，開始嘗試教些自己有興趣的東西，如中國演唱文學，口頭文化等……前面提及我小時候在中國並沒有機會接觸到京戲，現在正可趁機會補上。學鏡早在我認識他以前就會唱幾段，男女的角色都可來一手。我們常專門開車到紐約去看京戲。

我大約1967年和榮鴻曾（Bell Yung））結識。他當時在麻州理工學院讀物理博士，彈得一手好鋼琴，是波士頓中國同學合唱團的一員……他得了博士後馬上到哈佛音樂系再念個博士，論文寫粵劇。他和我自此合作無間，大大小小的事都詢問我的意見。這些年來，更多的是我大大小小事都詢問他。

（原刊於《文彙報·文彙學人》2014年11月21日。
"素描式的自傳" 本来在 *Journal of the Association for Chinese Music Research* 发表，今得榮鴻曾之助翻譯，並獲 ACMR 允許轉載，特此鳴謝。）

補正:

　　趙如蘭高足榮鴻曾指出此文第七段有誤：如蘭不是哈佛大學有史以來第二位女正教授。根據哈佛2011年爲375年校慶提供的時間軸，該校1972年的752位正教授中，有14位是女性。

　　經作者詢問，哈佛大學協理教務長辦公室回復道：時間軸是正確的。哈佛1948年提拔了一位醫學家爲第一位女正教授，五十年代另有3位女正教授，這最初的4位正教授中3位是有人爲提升當時哈佛附屬女校雷德克利夫學院師資捐獻了基金而實現的。（雷德克利夫學院1977年和哈佛正式合並。）哈佛六十年代有位女性被提升爲正教授，1970年有1位，1971年則提升了6位女副教授爲正教授。1972年這14位女正教授中半數在公共健康學院或教育學院。

　　作者清晰地記得如蘭 1974 年被提升成正教授時，哈佛校園廣傳："這樣一來，女正教授的數字增加一倍了！"據此便貿然斷定她是哈佛第二位女正教授實在太疏忽了。衷心感謝榮鴻曾指正！

　　榮鴻曾又指如蘭的博士論文1967年出版後得 Otto Kinkledey獎，並被美國音樂學學會評選爲年度最優著作，當正教授的條件卓卓有餘，因此第八段"順風車"之說對她不公。作者卻認爲如蘭作了十三年講師突然升爲正教授確實和"平權運動"有關。美國各大機構當年若不是備受政治壓力，不會趕緊提拔女性和少數族裔，至今大概仍是清一色白膚色男人的世界。有趣的是同一個時間軸顯示：哈佛教員俱樂部一直到1968年才允許女性從正門走入，不必從旁門進。搭上順風車並不表示被提升的人不夠資格，而是因此前基本上無任何車可搭。作者本人也是"順風車"的得益者之一。當時引起不少人嫉妒而嘀咕也屬實情。盼讀者不要誤會!

卞學鑛与趙如蘭攝於乾陵，1992 年贈筆者

如蘭的學生林萃青、艾朗諾、白先勇、筆者、趙如蘭、卞學鑛，
攝於 1996年

燕園裡的單身外籍女教師

八九十歲年紀的燕京大學校友，去年4月在北京大學舉行了個校友會，慶祝燕大建校九十五年；北大高等人文研究院同一天開了個"燕京大學與現代中國博雅教育傳統"研討會。我以《洪業傳》作者身份有幸被邀參加。最讓我興奮的，是聽到夏曉虹等教授參與搶救燕大校友的口述歷史，而北大領導應允設立一個燕大館，紀念這曾替中國培育英才的國際學府。

回美不久，加州大學伯克利校區中國古代史教授戴梅可(Michael Nylan)邀朗諾和我到她家住幾天。我提起此事，她披露她對燕大也深有感情，因她在賓州的布林茅爾學院(Bryn Mawr College)教書時的摯友桑美德(Margaret Speer)曾擔任燕大女部主任。戴教授出示了她珍藏多年桑美德送她的三本陳舊燕大年刊。

朗諾和我摩挲著這些精心制作的紀念品，端詳一張張燕大教師的照片：比我們現在都年輕的周诒春、陳垣、馬鑒、馮友蘭、周作人、郭紹虞、沈尹默、俞平伯、許地山等，還有洪業先生談過的一大堆燕大人物；畢業生除照片外還有簡介，各學會和球隊也都有團體照。當然，也有散文詩詞漫畫花絮，如一百三十二男生理想伴侶標准次第表，班友之頭髮樣式一覽等。

歷經戰火和屢次政治運動的浩劫，這些史料國內恐怕不易看到了。戴教授表示她樂意把這些年刊，連同其他燕大史料捐獻出來。我寫信給北大高等人文研究院的陸胤先生，他馬上回復說該院燕大中心很感興趣。戴教授說桑美德是最令她歎服的人之一，希望我執筆介紹她。

洪業提過桑美德，細節我忘了；倒記得他說他剛到燕大時，圖書館的中文書除四書五經外什麼都沒有，便說服女院院長費慕禮（Alice Frame，又作費賓闈臣）撥一筆錢出來買中文書。聽來女院另有資源，而且還相當充沛的。潛伏在我腦海的一些問題湧了上來：燕大女院(也稱"女部")究竟是什麼一回事？爲何在燕京大學裡自成一體?

到網上一查，發現桑美德有些家書1994年出版了，書名是《如鋼鐵般堅韌：桑美德發自中國北方的信，1925—1943》(*Like Good Steel : The China Letters of Margaret Bailey*

Speer, North China, 1925—1943)。我郵購了一本，翻開赫然見到一張照片，標題是1930年代的女院教員。前排坐著七位女士：國文系的謝婉瑩（冰心）、社會系的倪逢吉、英文系的桑美德和包貴思（Grace Boynton）、曾爲宗教學院女部主任的伍英貞（Myfanwy Wood）、曾爲音樂系女部主任的蘇路德(Ruth Stahl)和數學系的韓懿德(Ethel Hancock)。後面站著二十七位含笑的女子，大多是中國人，也有幾個白人，我根據別的照片認出左邊最後一排左起第三人是生物系的博愛理(Alice Boring)；右邊最後一排右起第一人是經濟系的文國鼐(Augusta Wagner)。大概天氣寒冷，許多人裹了大衣。

英美傳統的婦女名稱一望便知道未婚或已婚。未婚用自己的姓名，冠以Miss；已婚一概用丈夫姓名，冠以Mrs.，如Mrs. 喬治‧布什，標志隸屬某某人。這習慣經過1970年代的婦女運動方才轉變。現在有些婦女婚後不改姓名，而且覺得已婚與否幹卿何事？照用Ms.。中國古代婚後的女子名字消失了只剩下個姓，如稱某某人妻王氏。燕大1928—1929 年以及1930年的年刊裡，已婚女子不論老少都沒有本人姓名，中英文都指某某人夫人，1937年的年刊不列教師而學生皆單身，所以無例可考；時至2001年編的《燕京大學人物志》(北京大學出版社)，女士雖標明本人姓名，但除個別例子外，若丈夫也是"燕京人"，便把女士的事迹歸入丈夫名下，謂夫人某某也曾在燕大授課或是燕大校友，三言兩語草草帶過。偏偏燕園裡成雙成對的特別多，做妻子的都吃了虧。

桑美德、包貴思、伍英貞、博愛理、文國鼎都終身未嫁；蘇路德與韓懿德也都單身，看上去年齡不小，後來有沒有結婚待考。當年燕大女院的領導大多是外籍"老姑娘"，意味著什麼？她們是怎麼樣的人，和學生的關係如何？

桑美德(1900—1997)生長於一個富裕的家庭，那年代宗教在美國人生命中仍占中心地位。她的父親自普林斯頓大學畢業後，被聘為長老會外差會的秘書長，負責跟派到世界各地的傳教士聯絡；母親畢業於貴格派的布林茅爾學院，除帶大四個孩子外，是美國女青年會的創辦人之一，並多年任其會長。貴格（Quaker，也稱Friends）這基督新教的派別很特別，講男女平等，相信每人內心皆有盞神賜的明燈，應依自己的明燈行事；它沒有牧師，許多貴格會做禮拜什麼人受激發即可站起說話，沒人受激發大家便默禱到散會時刻。貴格很早便排斥種族歧視以及反對軍備。桑美德的中學同學到衛斯理學院讀大學的居多，她母親提議女兒也申請衛斯理，父親卻堅持她上母親的母校，說他特別欣賞孕育了他妻子的那種校風。於是桑美德的哥哥弟弟上長老會的普林斯頓，她和她妹妹則上貴格派的布林茅爾。

桑美德不特別漂亮，長得比一般男人都高，自幼的環境令她自信，樸實，不矯情，深諳各種團體制序，並具有寬闊的世界眼光。燕大校長司徒雷登和她父親相熟，她憧憬到中國，1925年得長老會派遣到燕大教英文。

桑美德到了北京第一年住在長老會教士院，學講中國話，驚訝於教士男女間和美國相比非常不拘束，她和已婚男人一起出遊沒人見怪。她3月18日騎自行車經崇文門，街上出奇的蕭靜，十多具男屍橫臥在地上；她起初以爲有炸彈轟爆，見士兵持槍衝上來才意識到是中彈死的。燕大學生也參加了這"三一八"反帝遊行，女生魏士毅慘遭段祺瑞的士兵用刺刀扎死。桑美德帶著沈重的心情到燕大參加魏士毅追悼會，回到教士院後聽到有人說："該死，這些滋事的傢伙！"難過萬分。

4月天氣轉暖，在西郊替燕大建新校舍的建築師亨利·墨菲（Henry Murphy）打電話來邀桑美德到北京飯店跳舞。她說她對跳舞沒興趣，他就說同吃個晚飯好了，開了一輛轎車來接桑美德。吃完飯該回家的時候，滿街都是士兵，全城人心惶惶，回去不了只好在旅館過一夜。翌晨九點才回到教士院，身上還穿著晚禮服，也顧不了別人怎麼想了。

燕大1926年秋在新校舍開學，桑美德搬到校園和一見如故的文國鼐共住一套房。文國鼐除了在燕大教經濟外，一邊在哥倫比亞大學讀博士，論文寫上海工廠女童工問題。冰心和在生物系做助教的江先群住另一套房。較年長的包貴思和博愛理則合租了一個四合院，每星期五請這些年輕同事吃午飯。她們六人相聚無所不談。

　　和燕大許多女教員一樣，她們都是"七姐妹"的校友。美國東岸十九世紀下半葉興起了七所私立女子高等學府，最早的是瓦薩爾(1861)、衛斯理(1870)、史密斯(1871)和布林茅爾(1885)。博愛理和桑美德同是布林茅爾校友，包貴思和文國鼎是衛斯理校友。冰心燕大畢業後到她老師包貴思的母校也念了個碩士。江先群剛剛自瓦薩爾學成回國，她和冰心不久便相繼和燕大教授結婚。

　　燕大那幾年總鬧學潮，校方對罷課罷考的基本態度是請教師和學生憑自己良心和意志行事。司徒雷登到處奔跑募款和解難，桑美德辦事能力強，立論公允，和各樣的人都合得來，很快便成爲校政決策人之一。

　　早年燕大在城裡時，男女生雖然一起上課，宿舍是分開的，而且女院有些自己的課程；搬到西郊海淀後，司徒雷登便向女院施壓，要它完全與燕大合並。女教師以及女院在紐約的贊助機構都不同意。女院有募款和聘任女教師的功用，她們怕若和男院合並，不但財政自主權將喪失殆盡，而且因系主任都是男士，便不再聘用女教師，而女教師會淪爲"女舍監"。1928年女院突然收到一筆九萬美元的巨款，以修建女士專用的健身樓，條件是要女院和燕大合並，女教師馬上表示堅決反對。伍英貞寫信到紐約贊助機構道："燕京大學是個實驗，嘗試體現一種男女之間的理想關係，不止於理論而是要身體力行。這是個教育過程，男女的態度都需革新，不僅對學生而言，也包括教師；不是兩方各自而為，或一方被另一方吸取，不是隔離或一統，而是存異求同和諧地合作。當前婦女是弱者，需要格外培植，以讓她們有機會發揮潛能，令強者意識到把弱者取消了對他們也無利，扶持弱者將一同活得更好。"

1928 年燕大元老博晨光夫婦回美一年，桑美德和文國鼑借住他們的房子，可以請客了，男士也可隨時來訪；博晨光回來後她們搬到燕南園桑美德為單身女教員設計的住宅，三人合住一所，必需時也可六人合住，各人有自己的空間，但共享寬敞的客飯廳，可接待客人。桑美德在家信上說中國女教師一個接一個結了婚，"只剩下我們這些"。她被邀到清華講男女關系，信上說這題目理應由個已婚的人來講，但她們都忙著家事。這時政治系的畢善功（L. R. O. Bevan）教授向她求婚，此人五十多歲，劍橋大學法學畢業，妻子逝世多年，中國人都稱他為"畢老爺"，和胡適也相熟。桑美德婉拒了他，但兩人成了密友。

那時一般中國人民不歡迎外籍教士，有些外籍教士也的確太高傲了，動不動就要本國政府替他們維護權益。桑美德覺得外國人若在中國不滿意就應走，不應該和中國人民或政府對抗，而且深感教士在中國沒有前途。費慕禮即將卸任，桑美德就力爭下一位女部主任非得聘中國人不可，自己則打算回國念博士。但女院和燕大合並的問題懸而未決，重任在身暫時走不了。她在美國休了年假（教士每六年或七年可回國帶薪休息一年，各差派的教會規矩不一），1931年秋仍回燕大。日軍已占據了東北，女部因仍找不到中國人當主任，只好由三人小組擔任。第二年終於聘到做過嶺南大學女部主任的司徒月蘭來，不幸兩年後她便辭職回南開教英文。桑美德對她父母說司徒月蘭最大的問題是優柔寡斷，不能和幾位犀利的外籍女教師抗衡，恐怕很難找得到像金陵大學校長吳貽芳那麼能幹的人。找不到人接任，桑美德只好代理，同時參與華北長老會的行政工作。她很欽佩那些教士的精神，但深感說教固然重要，更重要的是在日常生活中彰顯基督。

在燕大的"七姐妹"校友每年秋季有個聚餐，招待其他在北京的校友，1934年身爲衛斯理校友的蔣介石夫人居然也來參加，和大家侃侃而談，主要講新生活運動，並說中國需要基督教。桑美德說她沒想到自己會爲蔣夫人的風度所傾倒。過了兩星期，她和數位女教師的燕南園住宅門鈴響了，蔣夫人一個人走了進來，說從西山回北京城途經燕大，問能不能借用廁所。她們當然說可以。她遲遲不出來大家就有點擔憂，桑美德跑去隔門問她需不需要別的東西，蔣夫人在裡面大笑說門鎖拉不開了，幾個人便把梯子抬到後窗讓她爬出來，所幸後院沒有其他人。

桑美德做了代理女部主任後，繼續替燕大物色適當的人選，但較合適的人都不願來。最理想的自然是燕京自己培養的人，她家信裡說也許燕大有些特別犀利的中年外國女教師，抑制了本土行政人才的發展，屢次想幹脆辭職了事。"七七事變"日本占領華北後，桑美德更卸不下這責任了，因燕大升了美國國旗宣布這是美國機構，就靠這面旗不受日軍明目張膽的騷擾。司徒雷登曾考慮停校，最終決定替華北青年提供一塊自由求學的淨土。燕大容納了申請的學生約十分之一，人數達一千多，是往年學生的兩倍，宿舍教室都爆滿，學潮倒平靜下來了。燕大起初因國內通貨膨脹，外國接濟的美金相對升值，財務沒問題，後期只能苦苦地支撐著。

1941年12月美國卷入太平洋戰爭，燕大終於停校，不少師生被押入獄，桑美德在內的英美人士受軟禁一陣子後被送入山東濰縣的外僑集中營。燕大到達後方的師生則在成都復校，而當女部主任的正是桑美德一手栽培的陳芳芝。

桑美德1943年被遣送回美後，在她母校附近一所女子中學當校長，做到1965年退休。她多年的室友文國鼎做了她的協理。

包貴思（1890—1970）是燕大到達成都的唯一外籍女教師。她和桑美德不同，是個舉止優雅的性情中人。杜榮在《燕京大學人物志》回憶說："……她那清脆悅耳的聲音，聽著就仿佛沈醉在一種美妙的樂聲之中。她的授課方式也非常靈活，在我們學莎士比亞'As You Like It'的時候，正值春日融融，陽光明媚，她就帶著我們到女生宿舍二元北側的一座大藤蘿架下，讓我們分別擔任劇中的角色，進行朗讀練習……1944年夏天我畢業後就和林壽(燕大國文系)結了婚……結婚儀禮上要有一位家長攙著新娘步入禮堂……當我向她提出這一請求時，她非常高興地答應了下來。我結婚那天，她一清早就起來，到院子裡爲我一枝一枝地采摘花朵，捆紮成一大束，讓我結婚時捧著。"

包貴思在哈佛的附屬女校雷德克利夫學院得了碩士，不單喜愛莎士比亞，對現代派詩人T.S.艾略特也很有研究。除冰心外，她還有個很得意的學生，就是楊剛。楊剛本名楊季徽，在燕大讀書時就翻譯了奧斯汀的《傲慢與偏見》，由吳宓作序，1935年商務印書館出版。她相繼成爲《大公報》"文藝"副刊的主編、戰地記者、駐美特派員，同時做共產黨地下工作，深受周恩來器重。朝鮮戰爭時當過總理辦公室主任秘書。1957年在"反右"運動中自殺。

冰心 1934 年寫了一篇題爲《相片》的短篇小說，原型相信是包貴思。小說裡的"施女士"和包貴思一樣，是個新英格蘭牧師的女兒，二十五歲到中國教書，司徒雷登妻子1926年逝世後，包貴思對他有意，冰心似乎也知道。"不但是在校內，校外也有許多愛慕施女士的人，在許多學生的心目裡，畢牧師無疑的是施女士將來的丈夫……畢牧師例假回國，他從海外重來時，已同著一位年輕活潑的牧師夫人……施女士的玫瑰色衣服，和畢牧師的背影，也不再掩映於校園的紅花綠葉之間……"

小說的轉機是鄰裡一對夫婦去世了，施女士撫養了他們瘦小怯生的孤兒淑貞，和她相依為命。淑貞十八歲時，施女士休假回國把她帶了去，叫淑貞看看世界，也減少自己的孤寂，和她住在新格蘭鎮上施家老宅。附近的神學院從中國來了個李牧師和他的兒子，兩位年輕人他鄉相遇有說有笑。"時間已是春初，施女士和淑貞到美國又整整半年了……淑貞捧著早餐的盤子，輕盈的走了進來，一面端過小矮幾來，安放在床上，一面扶起施女士，坐好了，又替她拍松了枕頭，笑著拈起盤子裡的一個信封，說'媽媽您看，這是上次我們出去野餐的時候照的相片，裡頭有一張是小李先生在我不留心的時候拍上的，您看我的樣子多傻!'……看到最末一張，施女士忽然的呆住了！背景是一棵大橡樹，老幹上滿綴著繁碎的嫩芽，下面是青草地，淑貞正俯著身子，打開一個野餐的匣子，卷著袖，是個猛抬頭的樣子，滿臉的嬌羞，滿臉的笑，驚喜的笑，含情的笑，眼波流動，整齊的露著雪白的細牙，這笑的神情是施女士十年來所絕未見過的……她呆呆的望著這張相片，看不見了相片上的淑貞，相片上卻掩映的浮起了畢牧師的含情的唇角……猛抬頭看見對面梳妝台上鏡中的自己，蓬亂的頭髮，披著一件絨衫，臉色蒼白，眼裡似乎布著紅絲，眼角聚起了皺紋……淑貞抬起頭來，忽然斂了笑容：施女士輕輕的咬著下唇，雙眼含淚的，極其蕭索的呆望著窗外。淑貞往前俯著，輕輕的問，'媽媽，您想什麼？'施女士沒有回頭，只輕輕的拉著淑貞的手說，'孩子，我想回到中國去。'"

　　冰心寫這小說時包貴思四十四歲。她也許是替心儀的老師形單影只青春老去而悲傷，但包貴思看了這小說可能如骨鯁在喉，不吐不快，1952年出版了暢銷小說《河畔淳頤園》（*The River Garden of Pure Repose*），似乎是對冰心的《相片》的回應。背景是抗戰時的四川，故事圍繞四十七歲病危只有三個月生命的單身女教士，和她三個學生的關系：收容她到淳頤園住的王姓學生是位國民黨軍醫，他曾和"柳"相愛，"柳"則是一位革命意識熾熱的共產黨地下人員，另有個當日軍間諜的英韓混血兒。故事還涉及一位精神瀕臨崩潰的美國空軍飛行員和一位反戰的貴格派教徒，同時愛上了一位任性的女郎。女教士抱病替這些人排紛解難。"柳"並不知道女教士壽命不長，在淳頤園生下女嬰交托給了她。包貴思似乎要藉這部小說告訴我們，她易於感傷，卻也有尖酸俏皮幽默的一面，她省吃節用依然可過得很有情趣；何況世界上有待解決的問題太多了，對她來說生活永不會灰蒙蒙的。

　　這兩個虛構故事中的單身女教士都收容了個中國女孩，

現實生活中楊剛 1934 年生了個女兒沒法照顧，交托包貴思撫養多年。認識包貴思的費正清，在他 1982 年出版的回憶錄《我的中國情結》（*Chinabound*）裡說包貴思對她的學生影響很深，和楊剛情同母女。

曾和包貴思合住的博愛理(1883—1955)肯定是桑美德所指的犀利外籍女教師之一。博愛理是個很年輕就成了名的生物學家，讀完博士到歐洲遊學後在一所州立大學教書，發表了十多篇出色的論文。三十五歲被聘到剛成立的北京協和醫學院教生物，聘約兩年，她自此就不甘願規規矩矩地在美國教書，覺得能在中國培養一批卓越的醫生更有成就感。協和醫學院是石油大王洛克菲勒的慈善基金會和華北各基督新教教會合辦的，洛克菲勒有的是錢，卻需要教會提供長期在華服務的人才，以及教會學校培育的學生；最後達成協議，讓也正成立不久、華北各基督教會合辦的燕大負責預醫科。

博愛理本來對傳教士沒有好感(貴格派不提倡傳教，但若有會員覺得有此需要，教會可斟酌資助)，到了中國發覺傳教士的思想不如她想象中的封閉，而且對獨身婦女很尊重，便順理成章地成爲燕大教授。她和燕大簽約之前，堅持要協和醫學院答應將實驗室的儀器全轉交給燕大供她教書用。燕大的薪水相當低，博愛理繼承了父親的部分遺產，可以不在乎。燕大學生若想進協和醫學院，必須在她的課上表現特出。她教學嚴謹，學生若達不到她的標准，她會叫到辦公室，和藹地提議他們申請別的醫學院或轉行。和其他燕大教授一樣，她常請學生到家吃飯。碰到有學生要到國外深造，更不厭其煩地教導他們一些歐美的禮節和生活常識。她除了教出一群傑出的學生外，還繼續發表論文，大多關於中國兩棲和爬行動物。

博愛理的傳記1999年由Harwood出版了，是該出版社的"女科學家系列"中的一種，書名是《不可小覷的闊婦人：在中國的生物家博愛理》(*A Dame Full of Vim and Vigor: A Biography of Alice Middleton Boring; Biologist in China*)。傳記作者參考了分散各地學術機構的資料，采用了她本人的書信、她在哈佛當實驗心理學教授的弟弟Edwin Boring的書信、包貴思的書信，而且訪問了博愛理在美國與中國的一些學生。書中說她愛慕司徒雷登而且對他有種強烈的英雄崇拜，有人看到他們手牽手散步，可惜司徒雷登決意不續弦。根據冰心回復傳記作者的信說，某年包貴思休假回美期間，博愛理習慣於星期天晚請司徒雷登來和她單獨共餐，包貴思回來後想參與，博愛理表示不歡迎，1934年終於請包貴思搬出去，很傷包貴思的心。然而包貴思仍感友誼可貴，和她與她的家人保持聯絡。博愛理1943年被日軍遣送回美時，已經六十多歲了，但還是在美國待不住，1949年再到燕大，又和包貴思同住，不到一年對時局灰心才回美，回美後在哈佛附近和她弟弟毗鄰而住，離包貴思的住處也不太遠。

博愛理愛憎分明，連她弟弟都有點怕她；她在學生中明顯地重男輕女，然而傳記裡屢次引述她稱江先羣(Freddy, Frederica的昵稱)是"我最要好的朋友"。江先羣有沒有上過博愛理的課待考，她在生物系做助教嫁了同系清華出身的李汝祺。網上有許多李汝祺的資料，稱他爲"我國遺傳學的創始人之一"，對動物染色體和胚胎發育做出了開創性的成果，這恰恰是博愛理本來研究的項目。江先羣必定是個睿智、可愛、事事周到的人，因桑美德在家信上也常常親切地提到她。

其實這些受過高等教育的單身女子來中國做教士，多少受了簡·亞當斯（Jane Addams，1860—1935）的影響。亞當斯來自一個富有的家庭，父親是林肯總統的好友。她選擇不婚，和一位女友模仿牛津和劍橋學生在倫敦東區辦湯因比館（Toynbee Hall），1889年在芝加哥新移民區創立了霍爾館（Hull House），和當地居民一同起居，嘗試了解他們的生活，調查他們的健康情況，傳播營養衛生知識，辦成人教育和孩子夏令營，替他們爭取法律權益。美國許多中上人家的女子跟隨亞當斯的榜樣，在各大城市紛紛設立 settlement houses （姑且譯爲"睦鄰居"）改進弱勢族羣的生活。亞當斯可以是說是"社會福利工作"的創始人，1931年獲諾貝爾和平獎。她連同後來的羅斯福總統夫人是美國"進步"

（progressive）運動的幕後推動人。1960年代美國政府設立了"和平團隊"（Peace　Corps），提供生活費給有志願到未開發國家的年輕人，讓他們與當地人民一同起居，在有限的能力下幫助當地人民提高生活素質，也從中充實自己，可以說是這"進步運動"的回光返照。

英國牛津劍橋學生發起的一個社會實驗，居然在美國被一些婦女發揚光大，是有其經濟社會背景的。北美的環境對婦女特別有利，地廣人稀，源源不絕的新移民男士居多，適婚年齡的女子一向是"搶手貨"；再者一直到上世紀三十年代經濟大恐慌，美國基本上是一代富於一代，社會流動性強，故不太講"門當戶對"，女子很少發愁找不到適當的對象而成爲父兄的負擔。然而長時期以來美國依循英國舊例，把已婚女子視爲丈夫的附屬品；到了十九世紀末，就有不少女子选择不婚，要和男人一樣受了教育求經世致用，若家有恒产可学亚当斯辦睦鄰居，不然，也可得教會資助理直氣壯地到國外做教士。她们若結了婚，丈夫體貼的話仍可活得很有尊嚴，但畢竟失去了自主權。这群自信的新女性在燕京大學并不鼓勵學生不婚，但以身作則放开胸懷關心社會，對學生必定有相当的啟發。

可惜美國这"進步"風氣已式微，經濟不振、信心低迷、宗教熱忱消退都是原因；另一个原因是平權運動促使妇女就業機會大增，公益不再是女子唯一可以大展身手的園地。4月北大的"燕京大學与現代中國博雅教育傳統"研討會上有人提出一个問題：当前的环境下，可以重建一个像燕京大學的學府嗎？我心想別的不談，西方進步人士已經沒有那种衝勁了。

燕大女生約占全體三分之一。去年浙江人民出版社出了本《燕京大學》，作者陳遠搜集了各方資料，走訪了許多老燕京人，是本非常好的書，但對"女院"著墨不多，本文算是作點補充吧。

(原刊於《東方早報：上海書評》2015 年 2 月 28 日)

1930年代燕京大學女院教員合照，前排右起：謝婉瑩(冰心)、倪逢吉(梅貽寶夫人)、桑美德、包貴思、伍英貞、蘇路德、韓懿德。后排右一是文國鼎、左三为博愛理。布林茅爾學院特殊文獻部 Speer Famil Papers 珍藏

一位英國教授眼中的紅軍

　　1941年6月1日，燕京大學女部主任桑美德(MargartSpeer)寫信給她在美國的父母說："我們昨晚有個驚奇，令我現在神志仍沒完全恢復過來。牛津貝利奧爾學院院長的兒子，我們的年輕講師林邁可，是個有點古怪的書呆子，聰明、害羞、不修邊幅、友善，但總有點不自在。他晚飯後來電話說要和文國鼐(按：指桑美德室友 Augusta Wagner)討論些考試的問題……他進門時，我正在桌子上按了個小几子，站在上面修理電燈泡，沒察覺他不是一個人來，只聽他開口就說：'效黎和我決定結婚。'我轉頭見他和我們一位畢業班學生手牽手地站在門框裡。我的平衡力大概還不錯，沒摔下來。看他們那麼開心，只能由衷地祝福他們，暗地裡卻禁不住擔心。李效黎是個非常好的女子，但對邁可那個充滿理念和音樂的世界一無所知，而他對她守舊的山西家庭也一無所知。但他們兩人顯然已考慮了很久，所以我們星期三將要替他們開個宣布訂婚的茶會。我也必須馬上去信女青年會，本來安排好讓她畢業後到那裡工作的。"

桑美德的家書見於《如鋼鐵般地堅韌》(*Like Good Steel: The China Letters of Margaret Bailey Speer, North China, 1925—1943*，1994年出版)。她知人善用，很受燕京大學校長司徒雷登器重，但她把林邁可（Michael Lindsay）完全估錯了。林邁可並不整日沈浸在理念和音樂之中，他頭腦極其清醒，顯得不自在可能因他在日軍控制下的華北偷偷摸摸地協助遊擊隊。

桑美德把林邁可和未婚妻李效黎的文化差異誇大，固然因當時異族婚姻很罕見，令她聽到一時手足無措，還因她自己雖然中國朋友很多，卻仍然覺得中西鴻溝難以逾越。她到華十年後，1935年有封家信說："中西間有個巨大的心理藩籬⋯⋯不僅僅是語言問題⋯⋯我們久而久之習以爲常，甚至視而不見，直到有機會和西方來的學生或檀香山來的華人交往，才猛然覺悟沒有藩籬時，人與人竟可以如此毫無拘束地溝通。叫我質疑花那麼多的精力試圖逾越這道鴻溝是否划得來。"有趣的是，林邁可到北京不久便逾越了這道鴻溝。

林邁可多年後寫了本回憶錄，1975年在美國出版，北京外文出版社於2003年完整地重刊，書名是《默默無名的戰爭》(*The Unknown War: North China 1937—1945*)。解放軍文藝出版社2005年出了中文版，書名是《抗戰中的紅色根據地》。雖然和原著有一點出入，但內涵沒變，而且多了些照片。

　　林邁可除提供許多淪陷後華北的細節，談他在紅區的經歷外，還分析各方情勢，雖不無事後孔明之疑，但因他的視角特殊，頗有參考價值。

　　林邁可1937年到燕京大學教書途中，恰巧和加拿大醫生白求恩同船，引起他對華北地下遊擊隊的興趣。他第二年春復活節假期便隨一位美聯通訊社的記者到冀中去察看。他們帶了自行車上火車，到保定後，騎車約兩英里就到達紅區，暑假則和另一位英籍燕大教授，後來當華盛頓大學教授的戴德華（George Taylor）到了聶榮臻的五台山司令部。這時他已會說些漢語，和白求恩重逢，發現白求恩只會講幾句如"開飯"等很簡單的中國話，完全依賴翻譯員。為了讓傷兵不必長途跋涉，白求恩把所有的醫藥器材減縮到兩只騾子可背得動的包裹，以便到前線替傷兵開刀。林邁可見遊擊隊在物質極端短缺的情況下英勇抗日，很受感動，覺得自己也須挺身仗義支持，便和地下工作人員取得聯系，利用英美僑民不必搜身的便利，替遊擊隊購買醫藥和電訊零件。他請他的學生李效黎幫他把醫藥貼上中文標簽，兩人因而相熟。他常留她一起聽音樂唱片，進而相愛。

　　1939年他和教數學的賴樸吾(Ralph Lapwood)連同燕大

發電廠的技術工人肖再田以及一位燕大學生趙明，四人假裝慶祝中秋到西山野餐，輾轉到了山西八路軍總部見朱德。林邁可說朱德令他印象最深的是親和力，讓沒受過多少教育常自慚形穢的肖再田在他面前談笑自如。

他說淪陷區和重慶間的交通從未斷絕，林邁可從北平坐火車到鄭州，步行二十英里便到達國民政府管轄的區域；郵局也照常運作，好比這是另一場內戰而已，北平寄到重慶的信六個星期內亦收得到。他1940年有幾個月在重慶的英國大使館當新聞參事，說日軍因不願得罪英美，轟炸重慶時很留心，敵機飛離基地一小時後才到達重慶上空，一般民衆早就聽到警報疏散了，英使館的人員則優哉遊哉地坐在花園的防空洞前看書或下棋，看到飛機才躲進去。美國大使館隔了一條江更安全了，隔岸觀火，有些人度蜜月居然特地跑到美國大使館看煙火。

林邁可說英使館的人大都聰明勤奮，但官僚氣甚重，工作效率大不如中共。

他1940年秋重回燕大。1941年末，大家預料美日戰爭一觸即發，司徒雷登計劃把燕大遷往成都，叫林邁可開會問哪一些外籍教師願意經晉察冀邊區到後方去，但幾乎沒人肯去。生物系的博愛理（Alice Boring）說她有一次冬天到了西山，真冷，早上茶壺裡的水都結了冰。大家都估計美國數月內便可擊敗日本，在鄉下受罪不如在集中營蹲幾個月。願意走的只有物理系的班維廉(William Band)夫婦以及新聞系的羅文達(Rudolf Lowenthal)。

1941年12月8日清晨,林邁可收聽到德語廣播說美日已開戰。司徒雷登恰好不在校,林邁可便和妻子把皮箱塞滿收音機零件,開司徒雷登的車接了班維廉夫婦一起直奔西山,羅文達因在授課沒聯絡上。他們在溫泉附近棄了車,徒步到平西根據地。次年春到了晉察冀軍區司令部,聶榮臻派林邁可和班維廉做通訊組的技術顧問並訓練機務人員。他協助軍區重建了傳播系統,沒有電源只好靠手搖發電,李效黎則開班教英文,因用簡單英文發電訊比中文省事多了。他們的大女兒在晉察冀軍區逃難時出生。

據林邁可看,紅軍的作戰組織有許多缺點,如執迷教條、部屬怯於糾正長官等;但供給系統是無懈可擊的。人民主要繳糧稅,士兵到每個地方憑糧票領糧食,每張夠一頓小米飯。每單位的糧票和糧食經查核後才可發下個月的,就是出擊時也有條不紊。初冬有冬衣分配,特別寒冷的地方可領取襯了羊皮的大衣,官階高的還可領到裏子是絲綢做的。工資主要用來買水果等零食而已。這制度好處是不必到處運糧,又削減了物價波動的影響,躲過了國民黨地區因通貨膨脹而士氣低沈的情況。

1944年班維廉夫婦已去了延安,又經重慶回了英國。林邁可帶去的通訊零件已差不多用光,覺得他自己在晉察冀邊區所能做的已做了，並訓練了一批技術人員；他又深感共軍對英美可提供許多有利作戰的情報，渴望和英美軍方聯絡，便向聶榮臻提議讓他去延安。他和妻女由紅軍護送，冒著寒冬攀山越嶺，數次險被日軍攔截，兩個多月後到達延安，被安排住入窯洞裡，受毛澤東和朱德宴請。朱德委派他爲通訊組技術顧問。毛澤東和他數次長談，接納了他的一些建言。

他們到延安不久，訪問的英美官員與記者突然接踵而至，李效黎便負起翻譯的責任，陪這些人到處參觀。林邁克又被委派爲新華社英語主編顧問。他的兒子在延安出生。

林邁可說國民黨官員此時大大錯估了紅軍，並且誤信了自己的宣傳，鼓勵西方人到紅區看，以爲他們去了會對共產黨反感，效果恰恰相反。據林邁可看，美方起初有誠意和延安合作，但送來的機械都不合用，而且反復無常；他說這固然有國民政府從中作梗，但也怪共方沒有據理力爭而只以習慣性的"謾罵"回應。1945年日本投降了，中國內戰開始，林邁可便攜眷回英國。

戰後林邁可屢次和日本軍官交談，想了解日軍爲何持有優越的軍事裝備卻無法有效地控制華北。日方承認1931年瀋陽事變是精心策劃的，如願占據了中國東北，但堅持1937年盧溝橋事變是突發的，日軍並沒准備發動一場大戰，因部隊不夠，主力用以應付國民政府的正規軍，在華北只能防衛大城市和鐵路。待1938年攻下武漢和廣州後，才把部隊調回華北，然而這一年間華北的遊擊隊卻已扎了根。日軍起初圍剿失敗，1940年改用"堡壘"與"封鎖"雙管齊下的策略卻相當成功，這戰術用於東北也是見效的。林邁可指出這種戰術的缺點是需要許多士兵。1943年日本在中國各地已建築了三萬個堡壘，每個堡壘約需二十個士兵駐守，另需大量的後備軍隨時待命，以便堡壘受攻擊時調動。日方沒那麼多士兵，只好用偽軍，就不可靠了。他說偽軍和遊擊隊間往往有協議，彼此做做樣子，他有個在冀中的學生機關槍壞了，托一位農人向堡壘裡的偽軍借，等自己的修好再還，偽軍答應了，說十天內日本人檢查前奉還便可。1943年後日方把主力調到太平洋前方，防線又退到鐵路附近。

林邁可還說日本人失敗歸根究底是不得民心。1904—1905年日俄戰爭時，日本可理直氣壯地說它代表亞洲人對抗西方帝國主義。那時日軍對平民和戰俘的紀律是有目共睹的。到了上世紀三四十年代，士兵搶奪、強奸、濫殺，無惡不作，引起民憤；戰後日本軍官也承認憲兵隊伍完全失控。林邁可說這是因日軍為顧全顏面，不願懲罰敗類，每次有人提出軍紀問題總把事情淡化。

與林邁可交談的日本軍官曾自豪地說，日軍在華北比起美國在越南成功多了。林邁可答說兩者不可相提並論，紅軍當時一點外援都沒有，而且華北冬季特別寒冷，又沒有植被掩護，不似東南亞天氣暖和到處有森林，對遊擊戰術有利。紅軍的優勢是得到民衆由衷的合作。

林邁可的父親因對英國教育有功，1945年被封爲男爵(baron)，他死後林邁可作爲長子繼承了父親的爵位，李效黎便成了第一位成爲英王室貴婦的亞洲人。他後半生在澳洲以及美國的大學教書，夫婦上世紀七十年代有一度因批評"文革"被中國政府拒絕入境，後來屢次訪華，他1994年去世後，李效黎到北京定居，2010年在北京去世。

李效黎雖然來自山西，家人卻沒有桑美德想象的那麼保守，並不反對她的異族婚姻。她的父親曾在閻錫山手下當軍官，哥哥清華畢業後到哈佛念經濟，回國在銀行工作。她小時候有數年隨父親住在一個偏僻的農村裡，和當地人打成一片，又學會了騎馬，這對她後來在紅區生活倒是很好的預備。她戰後隨林邁可到了英國，馬上根據日記用英文寫了回憶錄，對紅區有很細膩的描述，但2007年才在美國發表，書名是《顯眼的李子》(Bold Plum)，是出版史上罕見的譯本出現多年後原文才面世的書。香港文藝書屋早在1975年便出了中譯本《再見，延安》，是董橋譯的；1991年上海遠東出版社另出了蕭宜譯的版本《延安情》，很多段落不見了，卻多了照片和另一些細節；兩者都譯得很好，又含些後來"原文"沒有的段落。

我和李效黎有一面之緣。戲劇家熊式一的幺女德薆是我的朋友，在牛津長大，跟林家很熟。我八十年代初動手寫《洪業傳》時，德荑問我洪業有沒有提到林邁可，我說有，兩人關系相當密切，她便送了我一本《默默無名的戰爭》。我有一次到華盛頓城看德荑，她帶我去林家，邁可那天恰好不在，效黎一點架子都沒有，樸實近人。效黎大概以爲我和德荑一樣不懂中文，沒跟我說她回憶錄的中文版已出版了，直到我最近整理手上的燕京大學資料，和她的兒子通電郵才知曉。

李效黎的原稿聽說非常之長，三種版本因時因地因讀者不同作了些不同的取舍：譬如香港文藝書屋版以及後來的英文版有一段描述延安時的江青，形容她如何美麗優雅，但說她有心臟病而不常露面，“一點都不像中國一些名人的太座，存心想干涉多管國家大事……”上海遠東版就沒有這一段。德荑說英文版把原稿許多紅區各地食物的論述省略了，也很可惜。

（原刊於《澎湃新聞 · 私家歷史》2015 年 6 月 6 日，標題為“燕大教授林邁可：日軍為何在華北不敵紅軍”以及《東方早報：上海書評》2015年6月7日。編者按：本文所指“紅軍”，均來自原文 Red Army)

林邁可、李效黎和子女 1945 年在延安。詹姆斯·林賽(圖中的嬰兒)授權使用。

林邁可与家人从解放區剛回到英國

美國早年漢學家富路德的家世

　　美國的漢學起步比歐洲較晚，可以說是第二次世界大戰結束後才真正開始，但1943年紐約出版了一部《中華民族簡史》(*A Short History of the Chinese People*)，馬上贊譽如潮。此書把中國史置於世界史的語境中，特別關注中外物質與文化的交流，胡適評它爲"西方語言最優秀的中國史著"，楊聯陞亦認爲西方對中國的綜合論述中它是非常出色的一種，出版後即被譯成多國語言。

　　這七十年來世界歷經劇變，中國曾天翻地覆，學術風尚亦幾度轉向，此書1948、1951、1959、1969　版有些修訂，從最初的260頁增至295頁，當代史一章有較多的改動，但最後一次重印是2007年。現在雖然已經沒有當教科書用了，仍有電子版銷售，可謂經得起時間的考驗。足見作者一開始便能夠去蕪存菁，心平氣和地審視中國歷史與文化。

此書的作者全名是Luther Carrington Goodrich (1894—1986)，中文是富路德，姓富是因他父親叫富善(Chauncey Goodrich, 1836—1925)，清末到中國傳教時，姓名直譯了Goodrich。

這讓我想起一個笑話：艾朗諾八十年代到加大聖塔巴巴拉校區教書，是接替富路德一位遠房親戚的位子，歐美人習慣一個家族姓名傳代反復使用，他也叫 Chauncey Goodrich，同事白先勇笑著告訴我這溫文儒雅的老先生人如其名，又 good 又rich。

富路德爲人相信很低調，沒聽過他有軼事在漢學界流傳，我也不認識他，對他的家世倒相當清楚，因爲他有一位住在聖塔巴巴拉的侄女多蘿西婭‧科裡爾 Dorothea Smith Coryell，晚年寫了兩本書：一本只有打字稿，叫《中國愛的呼喚》(*Love's Call to China: The Story of My Grandmother, Sara Clapp Goodrich*)，講她的外婆，即富路德的母親，複印了一本給我；另一本講她自己和家人在中國的生活，叫《小老鼠人在中國》(Small Mouse Person in China)，因她小時候在北京常表演一段"小老鼠上燈台"的舞蹈，被鄰里的孩子稱爲"小老鼠人"，排印了送親友。

富路德的祖先是十七世紀初在英國受宗教迫害，乘"五月花號"帆船移居美洲的，算是開國望族之一，但世代在麻州西部務農，並不富有，像美國東北一般主流人家，屬公理會(Congregational Church)。公理會在基督新教中是比較溫和開明的宗派，每地方的會眾自組教會，自行表決教條和崇拜儀式，以民主方式推選領導及聘任牧師；特別熱心辦教育，哈佛耶魯以及在麻州西部的威廉斯學院等都是公理會教會創辦的。

富善受了虔誠的母親的影響，從小立志做傳教士，中學畢業做了四年小學教師，儲夠錢上威廉斯學院，以優異成績獲得學位後，相繼在紐約協和神學院及麻省安道弗學院深造。二十九歲得公理會支持，帶了新婚妻子前往中國，到達不久遇上華北大饑荒，就和幾位教士一邊賑災一邊傳道，同時在教會學院教書，又在通州設立了個公理會神學院。他平時穿中國長袍，因有語言天賦，又特別勤奮，公認是傳教士中北京話講得最好的人，撰有《中英袖珍字典》和《官話特性研究》。

富善信裡說他用一本八種語言平行的大《聖經》。美國較好的中學都教授時髦的法文以及拉丁文，因拉丁文是西方的"文言文"，而法文是外交通用語言。他在大學裡肯定修了十九世紀的學術語言德文，也許也選過梵文，因梵文被視為印歐語系的老祖宗，若對比較宗教有興趣，想研究印度教或佛教的話，更要修梵文。他上神學院須修希伯來文、阿拉米語和古希臘文，因基督教《聖經》本來是用這些語言寫的。那時《聖經》已有各種中譯本，包括數種方言。1881年各宗派感到應有一本大家可共用的語體文版本，富善受過頂尖的語言訓練，官話又講得好，便被推舉和著有《筆算數學》《代數備旨》與《官話課本》的長老會教士狄考文（Calvin Mateer，1836—1908）負責主持此項浩大工程。《和合本新舊約全書》1919年終於出版，正好趕上白話文運動，對推動白話文很有功勞。

富路德的母親莎拉(Sara)是美國中部威斯康星州一位公理會牧師的女兒，她兩個姐姐當過教員，婚後就專心顧家了，還有一個姐姐中學畢業就結了婚。莎拉則到石渡口女子學院（Rockford Seminary for Women, 是Rockford University的前身）讀大學，不想結婚，夢想周遊歐洲各國。快畢業時聽聞教會需要一位單身女士到中國張家口向婦孺傳教，感到自己蒙了"呼喚"，求上帝給她一個征兆證實。後來辦社會福利而獲諾貝爾獎的簡·亞當斯（Jane Addams，1860—1935）正在此校，比莎拉低三班。有個同學不小心把化學品濺在身上著了火，她們兩人都在場。亞當斯手足無措，莎拉則馬上抓了床被把同學裹住滅了火，過後慶幸自己有能力隨機應變，深信這就是上帝給她的征兆。家庭富有的亞當斯本來看不起這所學校，一心想到東部的史密斯學院念醫科，無奈父親不准，經此事也作了反省，檢討自己精神渙散，應該在任何環境下都須正視現實努力上進。

1923年六十多歲的亞當斯環球講演到了北京時，兩位老同學曾有機會重聚。

　　莎拉到中國的決定遭受父母反對，母親不放心她一個單身女子到沒有西方醫療設備的地方居住，父親則覺得她生性愛交際，不宜到偏遠地區，並且相信《聖經》裡《啟示錄》的預言——世界末日——快應驗了，不必多此一舉。她說服父母的信上說：

　　"你們反對的理由都在我預料之中。依我收自張家口的信看，那裡的人是很可親的。父親說我愛與人交往，怕我找不到談得來的朋友，那麼我應該打聽在那邊服務的傳教士究竟有什麼人，是否會和他們合得來。如果我去的原因是我在此交不到朋友，郁郁不樂，我到那邊也必定郁郁不樂。其實我在這裡很快樂……父親信上說耶穌就要來，不用傳教了，我讀了不禁失笑。他若有機會和我一起聽課，就會知道這完全是無稽之談，就不會把這當爲藉口……也許你們不相信我寧願單身到這異教(heathen)國度。事實上我生性不愛依賴別人，愛獨立。男人一般都不喜歡有自己想法的女子，不喜歡受妻子挑戰，而要妻子全然信他，才感到自己是大男人；最喜歡女子需要他呵護，以他爲主，而不喜歡辯駁他的——除非他樂意讓妻子帶頭，依賴她，以她爲榮，這種情形很稀罕，我在這鎮上只見過一例……我並不討厭男人，有些男人我很敬佩，但從不覺得有任何一個與他共同生活會特別快樂。我堅信上帝造我這樣子是有旨意的。"

Heathen常被譯爲"異教"，其實和現在"邪教"這字眼比較相近，有很重的貶義。莎拉的姐妹說她們最看不慣一些傳教士的寒伧相，她就應允她們她在中國每晚必定把頭發用夾子卷起，天天打扮得漂漂亮亮。

　　莎拉"天生我才必有用"這意念到了中國很快便受挫。來自美國中部小鎮的她，不習慣中國街道的喧囂，到處都是各種不可名狀的氣味；出門常有一大群乞丐跟著她呼叫："洋鬼子！洋鬼子！"買東西時須討價還價，生恐被騙；而中國婦女在教堂裡唱聖詩居然是大聲喊的，對傳教士的一切非常好奇，問她爲什麼她頭發是卷的，穿什麼內衣，卻把她當爲異類，不留心聽她要傳的信息。中國人讓她贊賞的，唯有尊老的態度和穿的綾羅綢緞。唯一令她感到安慰的，是自己憑有限的醫藥知識治療了幾個中國孩子的小病痛；北京使節人員入時的裝束卻讓她羨慕不已。

　　我們讀十九世紀和二十世紀初的中外傳記，往往驚駭於當時的人動不動便夭折或早逝——因醫學沒有現在這麼昌明，青霉素和抗生素尚未發明，人口卻已經很稠密了，時疫常卷席而過，婦女死於流產或産褥病更是稀松平常。1879年秋四十三歲的富善，和剛到達中國的二十四歲的莎拉相遇時，已經死了兩個妻子。莎拉很漂亮，富善一見鍾情，稱她爲"公主"，說因莎拉在希伯來文中是公主的意思。他數月間藉故從通州到了張家口數趟，第二年春便在長城上向她求婚。她猶豫了三天答應了，寫信給摯友辯白：你聽見消息沒有？我要結婚了。我本來沒有這念頭，然而實在情不自禁……他那麼善良，聰明，而且那麼愛我……一個衆人尊崇的男士，比我年紀大……生命充滿挫折，害他頭發胡須都白了，像個詩人，但也很實際……我不要你以爲我是爲結婚而結婚的。"

　　莎拉婚後雖然多病，卻更加緊學中文。路過的"中國內地會"傳教士和中國人同吃同住讓她很慚愧，夫婦倆招待了兩位受過高深教育的瑞典人，辭行時富善對客人說："你們轉身招待別的傳教士便算謝了我們，機會多得很。"客人說："我們不會有自己的家的，到了一個地方，有中國人信基督，便到別的地方去。"莎拉說："可是信基督只是個開始，教他們怎樣做基督徒是個緩慢但更重要的任務。"他們回答："那要中國人自己去摸索了。"莎拉以前討厭《聖經》說人必須"溫柔謙卑"，現醒悟基督徒除了必須堅強外，還需要溫柔，學基督寬恕人。通州的中國信徒發起了個反纏腳的會，推選莎拉爲會長，讓她很激動，對中國人的尊重與日俱增。那時北京城裡早已經有公理會教士辦的貝滿女中，她在通州辦了一所富善女子學校。

歷經數次流產，莎拉婚後七年終於產了個男孩，但嬰兒不到一歲便因痢疾夭折。次年生了個女兒，名爲葛麗絲(Grace Goodrich)，再生了個後來因糖尿病未成年早逝的女兒，富路德是老四。

葛麗絲出生後，莎拉乳房腫痛不能餵奶，有個叫愛新覺羅·全耀東的旗人，是富泰最早說服的信徒之一，說他的妻子也生了個孩子，奶很多，足夠兩個嬰兒吃，葛麗絲便吃全太太的奶。莎拉自此視全耀東一家如自己人。富路德1923年在北京舉行婚禮時，花童是兩個外甥女，穿起小禮服捧戒子的就是全耀東的孫子。

庚子年，富路德還不到六歲，義和團打到通州來了。富路德晚年向多蘿西婭回憶說：

"春天就聽聞山東動亂。不久成千的拳民在通州郊外聚集，我們聽到團練的聲音，有時見到他們。有一天我十一歲非常愛動物的姐姐葛麗絲，到父親教書的華北學院途中碰到一位拳民使勁地鞭打一匹馬，便訓斥他。他大概看到這位黃髮小孩說道地的中國話很驚訝，沒什麼反應。通州的傳教士決定到北京避難，請求駐紮在美國使館的海軍陸戰隊護行，得不到回應。北京公理會的梅子明(William S. Ament)牧師毅然私自找了十五輛騾車，在通州又加了五輛，帶我們踏上運皇糧的路奔往北京。母親仍巴望海軍陸戰隊來救援，飯桌上留了一大盤父親種的新鮮草莓給他們。

我們在北京的衛理會教堂住了數天，離東交民巷使館區不遠，在這叫"半圍困"時期，照顧我的女仆人正幫我穿衣服，和我一起玩慣的通州小朋友Donald Tewksbury突然哭著跑來說："快跟我到城牆上看，我們在通州的房子和學校被火燒了！"衛理會教堂沿北京內城城牆而築，我們爬上去看火燒。我雖小，但也明白這意味什麼：就是我父母親和其他人多年辛苦向美國朋友募款所營造的建築物，積累的書籍以及其他珍惜物件都付之一炬了。

外務府派人來說可護送所有的外國人安全到天津，但中國信徒必須留下，意思要我們遺棄跟隨我們逃難的男女大人小孩。我多年後才領會母親和其他傳教士那時心靈的掙扎，這些他們遠渡重洋來教導和幫助的人，怎忍心讓他們落到拳民的手裡？聽見德國公使被中國士兵殺害，大家便感到官方的話不可信，議決讓中國信徒和我們一起存亡，結果一同渡過艱難的五十八天。

有一枚能量耗盡了的子彈射到我耳朵上，但仍然
燙手，我捧了跑去給母親看，她緊緊地擁抱我。

父親在使館區裡的責任之一是監督屠殺牲口供應
肉食——主要是騾和馬。幸虧馬不少，因為各國的
使館人員都喜歡騎馬，並且常舉行障礙賽馬會。使館
區被圍困前有個賽馬會剛結束，許多馬被領入使館
區內，大多是蒙古小馬。父親有一次帶我坐在他膝蓋
上看，一只只英俊的牲口被領上去讓一位士兵用槍擊
斃。此後我吃馬肉便覺得索然無味，即使拌有咖喱和
米飯。

時而子彈紛飛，大人喊我們小孩躲進禮堂，但裡
面的媽媽們正在掃地，急著繼續縫沙袋，吆喝我們出
去。我們跑來跑去，累了便到有草席掩護的溝裡玩。

記得突圍後母親和一位來救我們的美國兵聊起
來，發現他居然來自她的家鄉。又記得看見一位俄國
兵見對岸有個中國農民，拿起槍瞄准了把那相信是完
全無辜的人射斃。我若還不懂戰爭是什麼一回事，此
刻明白了。"

當初美國公使見教士們帶了一群中國信徒進使館區時，
生氣地說："這些中國人怎麼辦？帶進來和我們一起餓死
呀？"但也虧有這些中國信徒幫忙縫沙袋，搬磚頭，使館區

才得以抵禦了拳民的圍攻。

各國派來的救援兵進了城到處搶劫。富善一家乘船到天津，再渡海到日本，然後到美國住了三年。回到通州時，教堂和學校已得庚子賠款重建。沒有被殺害的中國信徒住在一條叫復興莊的地方。次年富善被聘爲協和神學院的院長，他們便搬到北京城去，此校即燕京大學神學院的前身。

在北京，莎拉這"過來人"成了許多年輕傳教士傾吐心事的長者，她熱衷於反纏足與禁鴉片運動，領外交界婦女贊助紅十字會，籌辦養老院，還和一位篤信佛教的王太太合作，募款建築亭子給人力車夫避風雨，曾說服梅蘭芳爲此義演。

富路德的大姐葛麗絲比他大五歲，到美國讀完大學後回北京，以中國爲家。此時用美方庚子賠款餘錢創建的清華大學已成立，她嫁了個年紀比她大到清華教書的美國人Ernest K.Smith，在清華園和趙元任太太楊步偉相熟；丈夫1926年轉到燕大教書，她也在燕大教聲樂，搬到燕南園與洪業家毗鄰。

1941年美日開戰時她恰好在美國探望讀大學的子女，便參與"美國之音"漢語廣播的項目，自此再沒有機會回中國。

葛麗絲的長女——即富路德的外甥女——多蘿西婭到美國讀大學後回北京，在燕大教舞蹈，試圖把傳統武術的姿態和京戲裡的台步融進現代舞，也曾把趙元任替徐志摩的詩配了樂的《海韻》編成現代舞。她的丈夫韓蔚爾(Norman Hanwell)常有文章在歐美各大報發表，評論中國情勢，爲躲避日軍耳目，把稿件拿到美國使館隨同外交文件寄出去，有時用David Weile這筆名發表。他和在燕大教新聞的斯諾(Edgar Snow)同出入紅區，兩人的文章被人匿名譯成中文，1937年上海丁丑編譯社以《外國記者西北印象記》爲題出版；上海人民出版社 1949 年重刊，書名改爲《美國記者中國紅區印象記》。現在國內許多人知道寫《西行漫記》的斯諾這個人，早逝的韓蔚爾很少被提及了。

美日開戰前夕，美日關系已很惡劣，美國國務院一再催促僑民歸國；燕大英籍教授林邁可（Michael Lindsay）是韓蔚爾的好友，妻子李效黎也是多蘿西婭的學生，勸多蘿西婭這年輕寡婦跟他們一起走，經紅區到後方；然而她不忍心抛下不肯離開北京的年邁父親，結果她和父親一起被送入集中營，半年後遣返美國。

葛麗絲的次女珍妮特（Janet）通過中文考試在燕大讀了一年才去哈佛，後來對燕大校友會很熱心，八十年代讀到《洪業傳》和我聯絡上，告訴我洪業的長女向她披露孩提時怎樣受母親虐待，於是商務印書館2013再版《洪業傳》時，我附錄了一篇"洪家三代女人的悲劇"；我也因而和她住在聖塔巴巴拉城的姐姐多蘿西婭相熟，承蒙她送回憶錄，對這不尋常的家族有些了解。有趣的是愛新覺羅·全耀東亦有後人在此臨海小城定居，曾外孫女張美玫提供我不少資料。她指出抗日時她的姥爺全紹文——即全耀東的兒子——擔任燕大校長司徒雷登的特別助理，日本人盯上了斯諾，全紹文曾保護過他，《西行漫記》中曾提及，可惜姓名拼錯了。

多蘿西婭跟她的外婆一樣非常愛漂亮，九十多歲進了養老院。我有一次去看她，她道歉說：〞哎喲，我還沒上口紅呢！〞在她的心目中，富路德這舅舅永遠是英俊瀟灑的。她去世後我把她兩本回憶錄複印了，寄了給耶魯大學神學院駐華傳教士檔案館保存，請該館同她祖父母的資料放在一起。後來多蘿西婭的女兒清理她的遺物時，發現一些母親前夫的文件，問我該怎辦。這些文件的來歷我是知道的。據多蘿西婭的回憶錄說：韓蔚爾的文件都在日據時期燒毀了，她1965年左右收到一位耶魯大學研究生Robert Kapp的信，說他看過韓蔚爾的文章，要找些關於八路軍將領的事迹，問她韓蔚爾有沒有遺稿，她突然記起1939年曾把一個皮箱托給住紐約的舅舅富路德保管，內有韓蔚爾1935至1936寫給她的情書，提及紅區的情形，此研究生居然在情書裡看到他要找的資料。於是我建議多蘿西婭的女兒把這些文件捐贈給斯坦福大學，因該校的胡佛研究中心以收集中共早期文獻著稱。

富路德十二歲到山東煙台，在一所爲傳教士子弟辦的學校寄讀了四年，同學中有後來很出名的劇作家Thornton Wilder和《時代》雜志的創始人Henry Luce。他中學最後的兩年適逢父母有例假，跟隨父母到美國念，繼而上他父親的母校威廉斯學院；畢業後從軍，因當時美國已參入歐戰；不到一年後戰事就結束，他到法國基督教青年會替華工服務，不久回北京在協和醫院任職。他1925年往哥倫比亞大學讀博士，第二年即開始同時授課，1934年得博士，1961年退休；曾出任美國東方學會會長、亞洲學會會長。

富路德退休後，邀曾和恒慕義（Arthur Hummel）編撰《清代名人傳略》的房兆楹與杜聯喆夫婦，與他合編《明代名人錄》(*Dictionary of Ming Biography, 1368—1644*)。富路德因而得法國儒蓮獎，房兆楹與杜聯喆則因而得獲哥倫比亞大學榮譽博士。我還記得洪業穿著整齊高高興興地飛到紐約觀禮，頗引這兩位學生的成就為榮。富路德1981年終於再有機會與他的妻子到久違的中國訪問。

富路德九十一歲去世後，美國亞洲研究協會東亞圖書館小組通訊(CEAL Bulletin)上登載了一篇悼文，說他雖然不是圖書館員，但對美國東亞圖書館的發展亦很有貢獻。還說他不但自己有許多著作，還樂意成人之美，譬如李約瑟(Joseph Needham)《中國科學技術史》第五冊討論化學技術，《紙和印刷》分冊則請錢存訓寫，富路德幫了他很多忙，所以錢存訓把書獻給三個人，頭一個就是他；富路德1949年開始和錢星海英譯陳垣的《元西域人華化考》，兩年後錢星海無法繼續，富路德孤軍獨鬥把它完成。

富路德讀中文的能力顯然不太好，他在煙台上的中學是英國人辦的，預備讓孩子上牛津或劍橋，中國話連講都不准講。富路德第一本書《乾隆時期的文字獄》(*The Literary Inquisition of Ch'ien-lung*) 是博士論文改成的，1935年出版，前言裡坦承得到袁同禮、馬鑒、馬准、陳垣、鄭振鐸、洪業等中國學者的指點。書出後雷海宗和郭斌佳分別在《清華學報》和《武大文哲學季刊》介紹，稱許之余也指出他譯文有不少錯誤。《中華民族簡史》主要依賴西方人研究中國的資料以及華人的英文論者；其中當然經過層層過濾，但也因過了濾，才能作出高度的概括；也許因作者對中國與西域間物質與文化的交流特別有興趣，而涉及這時段紮實的現成西文資料額外豐富，魏晉南北朝那一段竟占全書約五分之一。然而好的素描空白的地方雖多，線條若勾畫得巧妙，仍可構成一幅令人折服的圖像。

　　富路德生長於一個開明而有濃厚學術氣氛的家庭中，長時間思考各種文化如何交集和融彙，才寫得出《中華民族簡史》這部宏觀歷史。傳教士的家族背景造就了他，但相信也是個交織著各種複雜思緒和情感的包袱，"路德"這名字大概宗教彩色太重了，他報英文姓名時習慣把"路德"略掉，用 L. Carrington Goodrich。中文倒沒有這個顧慮，因一般中國人見這名字不會想起基督教新教創始人馬丁·路德，反而會覺得"富"姓礙眼，仿佛是種炫耀。網上富路德有時也作"傅"路德，是否他自己覺得不妥後來中文取用此姓？他一部分書信保存在哥倫布亞大學圖書館裡，待考。

（原刊於《文匯‧學人》2015年5月15日）

《和合本新舊約全書》經25年努力將近完成時，
翻譯修訂小組約1919年攝於北京。
後中為富路德的父親富善。Judy Boyd 提供

富路德的外甥女多蘿西娅把武術与京劇的姿勢融入现代舞, 約1939年 摄。其女儿 Judy Boyd 提供

富路德(中)与其父親富善、母親莎拉, 以及大姐葛丽絲(右立)和早逝的二姐, 1903 年摄。富路德的外甥孫女 Judy Boyd 提供

司禮義神父奇特的治學生涯

提起司禮義神父（Paul Serruys，1912-1999），曾認識他的人嘴邊都泛起一絲微笑。這笑裡有愛。有敬。也有點"此人不可思議"的意味。

七年前加大伯克利校區C.V.Starr東亞圖書館建成不久，朗諾與我去參觀那美輪美奐的大樓，巧遇該校教中國古代史的戴梅可(Michael Nylan)教授，她請我們吃晚餐，席間問我們夫婦是在什麼地方相識的，我說我們在西雅圖的華盛頓大學是同學，她問有沒有上過司禮義神父的課。朗諾說司禮義是他的文言文啟蒙老師，很注重分析文法，替他學文言文打了基礎。我腦子裡浮現的是個留了山羊須面容嚴肅頎長的身影，在走廊上擦肩而過，他總若有所思。戴梅可說，"司神父是對我影響最大的人之一。"

她接著說：“我從普林斯頓得博士後，獲福布萊特獎金到台灣兩年；中央研究院的朋友告訴我說：我若想研究《尚書》，必定要去見見司神父。我打電話和他約了，很詫異他竟住在台北萬華區妓女出沒的地方。他一開門見到我也非常詫異，幾乎馬上要把門關上。他那時候已有點耳背，以爲來者將是他一位學生。”

這也難怪司神父：戴梅可英文名字叫邁克，是個男性名字，開門卻見一位金髮美女，當然大吃一驚。原來戴梅可母親多年盼望有個叫邁克的孩子，懷她的時候就決定無論男女都要叫邁克。

“我好不容易說服他每周和我一起讀一段《尚書》，第二次見他時，他竟暈倒了，我扶他把頭枕在我膝上，他甦醒過來說必定是腦中風，台灣醫療不好，須回西雅圖。我相信他其實沒中風，而是在台北感到很孤獨。我以爲司神父和我從此無緣相見了，不料數年後康達維邀我到華盛頓大學演講，又見到他。我那幾天幾乎全跟他在一起，因發現他居然對女權運動發生了興趣，多年在教堂聽婦女告解讓他深感天主教對婦女不公平。

他不但對女權理論涉獵很深，而且付諸行動；天主教視墮胎是傷天害理的事，女人墮胎會被驅逐出教會的，但若有婦女因故墮胎向他告解，他就說：‘我赦免你，你的罪咎讓我擔當吧。’他在西雅圖開心多了，可惜梵蒂岡拒絕把他的書從台灣又運回西雅圖。沒有他所需要的書在身邊，他便無法作研究，不能在西雅圖終老。"

誠然，司禮義在西雅圖是不會寂寞的。司禮義是華盛頓大學漢代學者康達維(David Knechtges)的論文導師之一，康達維的夫人張泰平博士是司神父的學生，他們婚禮是司禮義主持的；同系語言學家羅傑瑞（Jerry　Norman）是司禮義加大同學，多年跟司禮義學甲骨文的高嶋謙一（Ken-ichi Takashima)則在不遠的英屬哥倫比亞大學執教。

到網上一查，發現國內研究甲骨文的學者們，對卜辭裡"其"字的用法有個所謂"司禮義法則"，還見到司禮義八十六歲在比利時逝世時，他另一位學生——現已退休的愛荷華大學古漢語及藏文教授柯蔚南（South　Coblin）——在H-Asia網上發表的悼文。柯蔚南另有長文在《華裔學志》介紹司禮義的生平：司禮義生長於比利時西佛蘭德區一個釀啤酒致富的家庭，兄弟姐妹七人。比利時人有講法語的、德語的、以及與荷蘭語相近的佛蘭德語的，而司禮義就讀的學校只教法文、德文、拉丁文和希臘文，他為佛蘭德語被歧視感到憤憤不平，一度在佛蘭德人自主運動中很活躍。複雜的語言環境也引起他對比較語言發生興趣。

受了利瑪竇和南懷義（Theophile Verbist）的啟發，司禮義十八歲時和大他一歲的哥哥司律思（Henry　Serruys）一同加入"聖母聖心會"。聖母聖心會（Congregatio Immaculati Cordis Mariae，簡稱 CICM)是南懷義爲要在中國辦孤兒院 而於1862年創辦的，成了比利時教士到海外傳教的遣使會，此會後來衍生了相應的 ICM 修女會，並擴充到世界其他地方，教士和修女也不再限於比利時人。

司禮義的哥哥立志學漢語和中亞語文，他則學漢語和藏語。經數年訓練後，他1936年到達北京，次年被派往桑乾河上的西冊田。這時山西省各大城已被日軍占領，鄉下卻是遊擊隊和強盜橫行的地方，司禮義和各方周旋對弈，照顧當地教徒，閑來則研究當地方言。研究方言是內地教士的例行工作，然而司禮義對此事似乎太熱衷。有個嚴冬深夜，他被喚到一個小村落替一位老人行臨終塗油儀式，沒想到此人活過來了，對司禮義徒然遠道而來非常內疚，用很花俏的語言向他道歉和致謝。司禮義聽不懂，周圍的人便翻譯，他馬上把隨身帶的簿子掏出來，細心把老人的話語記下。於是教會裡廣傳司禮義對瀕死人關心遠不及他對語言的興趣。他如此自我辯解："學術研究是一種崇拜。不論當事者自覺與否，基本上是一種對神的追求；當神向我們揭示大自然和人的規律時，我們就越發體驗到造物者的榮耀和大愛。"

對司禮義來說，各方言微妙複雜的語法都彰顯造物者的偉大。他研究方言發現教堂裡用的彌撒曲、祈禱文、教理問答等有許多地方譯錯了，不僅是語言問題，也因誤解了中國的風俗習慣。他得到上司的允許開始研究婚喪儀式，最早的著作就是與這些民俗有關的方言，引起著名語言學家李方桂的矚目。

司禮義與其他天主教教士1943年3月被日軍送入山東濰縣的外僑集中營；經梵蒂岡代表交涉，8月得以回北京，白天可自由行動，傍晚向日軍報到後就不准外出。這段日子倒讓司禮義有機會和不少中國學者以及在華漢學家接觸，其中以曾在周口店參與發掘"北京人"的法籍耶穌會教士和古地質學家德日進(Pierre Teilhard de Chardin)對他影響最大，包括信仰方面。

戰後他被派往河北張官屯，這一帶在共產黨勢力範圍內，教友不敢公然和外國教士來往，他便專研四書五經，因怕抄家和偷竊把珍貴的書藏在糞坑底下。他1947年奉命回北京，有兩年在南懷仁書院教書並在輔仁大學選課。

1949年從中國撤退的聖母聖心會教士和修女大多到其他國家工作了，一小部分則被挑選到國外深造，司禮義和他哥哥決定到美國。司律思去了哥倫比亞大學，司禮義選擇加大伯克利校區，師從趙元任和哈爾濱長大的俄人卜弼德(Peter Boodberg)。他終於可任意探索各種令他執迷的語言問題，並在卜弼德的指導下研究中國古文字。他1956年獲博士，論文是"從《方言》了解漢代的地方話"，三年後出版。他讀博士不需聖母聖心會資助，因他在臨近鎮上的聖瑪麗教堂當司铎，完成博士又獲古根海姆獎，並繼續在該教堂工作，後來喜歡對人說："我在中國十二年，在聖瑪麗教堂十二年。"

喬治城大學 1962 年聘了司禮義負責中國語文教學。將近三年後夏威夷大學打聽他願不願意跳槽，他和李方桂商量，李方桂執教的華盛頓大學恰好有個缺，馬上發了正式聘書把他搶走。司神父在華盛頓大學十六年，教文言文和中國文字學。

司禮義教文言文的方式是每學年選一本不同的先秦書，和學生一起試圖分析其文法；多年的教學相長，讓他對中國古代文法有了相當清晰的理解。

文字學課他則從《說文解字》切入，要求學生細讀本文與注疏，然後分析字形如何從鍾鼎銘文演變而來，又追溯到甲骨文。他堅持看懂古字並不是最終目標，最終目標是能夠把這些古字依上下文解讀。他另開了西周鍾鼎文和東周鍾鼎文兩門課，後來又開課教甲骨文。

司禮義寫了不少重要的文章與書評，1974 年在《通報》發表的"殷商甲骨文語言研究"確實是劃時代的。他已著手撰寫一部關於鍾鼎文的大著，可惜沈迷於甲骨文後把此計劃放棄了。

更令人惋惜的是：精力充沛而學問正登上高峰的司禮義，到了當時的法定年齡，1981年很不甘願地退休了。他失去和學生磨礪的機會，嘗到被推往邊緣的尷尬，毅然不顧朋友的勸告把書運到台灣，離開西雅圖。他在台北重返闊別了二十多年的聖母聖心會，打算以中央研究院通訊院士身份繼續爬梳甲骨文，無奈不能適應台灣的生活。退休十八年中，他始終無法重構他的理想生活：就是周圍有和他談學問的人，身邊有所需要的書，並和其他教士一同起居享受信仰生活。

我很後悔我大學沒選司禮義的課，至今看文言文一知半解。回顧他的哥哥司律思研究蒙古及元明歷史亦成績斐然，許是唯一能了解司禮義的人。他正於1983年，就是戴梅可在台北初見司禮義那一年去世，必增添他的孤獨感。為多聽聽司禮義的事，我今夏約了戴梅可相聚。

戴梅可說她和司禮義在西雅圖重晤後，便和他保持聯系；聽他說不能作研究很苦悶，為運書直接向教宗請願也無濟於事，便對他說普林斯頓大學圖書館的中國古籍特別齊全，不妨搬到到普林斯頓；她那時已在布林茅爾學院教書，但仍有棟房子在普林斯頓，是她用早逝的母親遺產買的。司禮義果然在當地聖保羅教堂覓得一職，該教堂的住持司鐸是一位研究中東語言的耶穌會教士，有地方給他住，但沒地方讓他靜心做學問。戴梅可請住在她房子的男朋友騰出房間來給司禮義做書房，如此三年之久；一直到聖保羅教堂的主持司鐸退休了，新來的和司禮義意見相左，聖母聖心會又施壓要他歸隊。司禮義問戴梅可他若歸國她肯不肯暑假到比利時一個月，他已完成一篇分析《詩經》文法的長文需要人打字；結果戴梅可和他另一位私淑女弟子——現在里海大學執教的柯鶴立(Constance Cook)——到比利時替他打字。

戴梅可回憶說："我到了比利時非常生氣，他不經我同意把我預定的旅館退掉，安排我住進聖母聖心會修女院。我一向對修女非常反感，因我父親是天主教徒，把我送到修女辦的小學讀書，修女們告訴我不信天主的人都要入地獄。我病重的母親不是天主教徒，讓幼小的我很恐懼。然而這些修女都平易近人，進餐時歡天喜地互相關懷；我曾到教士院與司神父同進餐，那裡男士卻各吃各的。我發現聖母聖心修女專到別人不願去的地方做沒人願意做的事——到台北萬華區替妓女提供醫療服務，到美國南部幫助無證移民；剛果數次動亂，聖母聖心會的修女被亂刀砍死的不知其數。我問她們年輕時若有現在的就業機會，還會不會選擇這條路，她們異口同聲說沒有遺憾，但換個時代就很難講了。此後我每年捐錢給聖母聖心修女會，最近一次到比利時，修女院的中年院長向我道謝後，感傷地說，'你知道嗎？這是個瀕危滅絕的團體。老的一個個逝去，很少年輕的進來。'"

戴梅可又說："涵蓋許多種文字和術語的《詩經》稿完成後，他和我商量投什麼刊物，我提議投瑞典的《遠東古物博物館學報》，評審都通過了，該學報卻拒絕發表，因董事都是高本漢的學生，而他處處批評高本漢錯了。至今仍未發表。我暑假繼續到比利時和他同讀《尚書》，高嶋謙一每年也去看他，他到了我便躲開觀光去。司神父死前我們已把整部《尚書》只差一章就讀完。他是抑郁而拒絕進食餓死的，天主教不准自殺，但拒食餓死不算。」

我和寫司禮義小傳，多年沒見的柯蔚南聯絡上了，他來電郵說：「司禮義未回比利時前常常到我們家短住，和我的太太孩子像一家人那麼親密；我兩個兒子至今很懷念他。那時司禮義已偶爾出現抑鬱症候，我提議他請醫生開藥控制，可惜當時聖母聖心會堅持這種情況應以祈禱靜修解決，直到司禮義在世最後一年才准許用藥物，對司禮義來說太遲了。該年冬修道院有個神父去世，臥房空出來，司禮義搬了進去。那臥房較寬敞，可是門窗不密，冬天很冷，他著了涼得了肺炎，治好後元氣卻已大傷。司禮義最後心情那麼低沈，我和靜惠一想到就難過。」

我聽他這樣下場也很難過，但人老了「好死」究竟是少數。

美國學府師生關系普遍很淡，學生除要推薦信外一般不會跟老師來往，尤其教授退休後。司禮義有數位那麼關懷他的學生，可見他人格魅力非凡。

我對朗諾說：「司神父似乎有個不可思議的本領——他能令美國學生有信心可透過文字和中國古人神交。」朗諾答：＂對！我上他的課同班有三十多個白人，一整學年念《戰國策》。最記得他改完期中考卷對我們說：＇有些考卷讓我高興（glad），有些讓我傷心（sad），有些讓我生氣（mad），＇說時裝生氣揮動著拳頭，我們都笑了，都自信只須用功，沒道理看不懂文言文。我在哈佛的老師方志彤恰恰相反，他讓我們感到古文那麼深奧，永遠也掌握不了。幸虧我先上了司禮義的課！＂

(原刊於《東方早報：上海書評》以及《澎湃新聞 · 私家歷史》2015 年 12 月 6 日)

司禮義
戴梅可(Michael Nylan) 提供

司禮義晚年私淑弟子戴梅可

司禮義与華盛頓大
學七十年代的同
事：羅杰瑞Jerry Nor-
man、嚴復的孫女嚴
倚雲、何愷青、羅傑
瑞夫人陳恩綺；以
及当時的學生史皓
元Richard Van Ness
Simmons(原刊於1993
何愷青編的《嚴倚
雲教授紀念文集》)

一個域外老書迷，
讀讀寫寫半個多世紀

近年來我在中國發表了些傳記性的文章，有人說我的語言風格很新穎。我聽了自然高興，卻也很驚訝，因我求達意而已，相信讀者若覺得有趣，大概是因上世紀中葉在海外成長的我，接觸的讀物和國內不太一樣；此外我對些國內的慣用詞語不熟悉，可能有時候用了不同的方式表述。

我算是第三代菲律賓"華僑"，父母親都在馬尼拉出生，像同輩的許多東南亞華人男孩一樣，父親稍大了就被送回"唐山"受教育。他九歲開始在廣東中山讀書，十四歲才回菲律賓上英文中學，中學沒畢業我祖父去世了他就開始謀生，負起養母親和弟妹的責任。我祖母是香港長大的，略通文墨，除持家外還替不識字的華人寫信以貼補家用。我母親比較幸運，讀到中學差幾個月畢業才因日軍占領馬尼拉而停學，後來子女大了又有機會念學士碩士。

我是長孫女，家裡別的小孩比我小一截，學校功課又不多，那時沒電視機，總饑渴地找東西看。記得家裡除了一部幾乎抬不動的英文大辭典以外，僅有的另一本書就是我祖母床頭關於賽珍珠的歷史小說《孽海花》。報紙雜志倒很多，訂了兩份當地的華文日報和一份英文日報，美國出版的《讀者文摘》和《生活雜志》。我放學把書包一甩，總把報紙逐一攤在地板上看，從第一版看到最後一版，社論和商業新聞囫圇吞棗地讀，但副刊上花的時間最長，有詩、有散文、有連載的小說，還有名人軼事，拾撿到些似懂非懂的字眼和詞彙。

我上的華僑小學有三個大書櫃的書，隔著玻璃門可見到裡面有整套的《飲冰室全集》和《曾文正公全集》，但都上了鎖，我以為將來長大了就是讀這些書。

中學讓我最興奮的事，是終於可以用個名副其實的圖書館了。我借到《紅樓夢》，發現書裡的家庭竟和我家一樣，大小事祖母說了算；為了急著追蹤寶玉黛玉和寶釵的三角戀愛如何下場，匆匆地看。借到《驕傲與偏見》(Pride and Prejudice)愛不忍釋，感到早年英國社會女人對婚姻的憧憬和憂慮，姐妹間的爭風吃醋，又竟像我幾個未嫁的姑姑們一樣。一般小說我不正經從頭看到尾，總讀了幾章先偷看結局，對結局不滿便看不下去，傳記卻可以有耐心地慢慢嚼；我不喜歡科幻小說，更不喜歡刻意制造緊張氣氛的偵探小說，或設法榨取我眼淚的言情小說，總問：這種事真會這樣發展嗎？是不是只圖操縱我的感情。大概因我太拘於實事了，鍥而不舍地追求事情真相，若是虛構的話要求作品呈現一種比現實更接近真相的真實，因而對詩很不耐煩。我夢想作個圖書館員，以便終日與書本為伍。

中學上課仍然半天中文半天英文。教科書中我最有感情的是英文的《世界歷史》，數磅重，不大不小的書名刻印在全黑的封面正中間，也許是McGraw Hill出版的吧，多年來再也找不到了。書中有許多繪畫照片和圖表，我閑來沒事也拿出來看，可惜側重歐美歷史，亞洲史講得很簡略。中文的歷史教科書是台灣正中書局出版的，密密麻麻的字，和其他同學一樣，我背了一大堆人名地名，朝代先後老搞不清，考完試也就忘了。

除了偶然聽到師長講他們一些親身經歷外，我對中國近代史的認識主要來自兩本小說：姜貴的《旋風》和王藍的《藍與黑》。《藍與黑》講抗戰期間一男二女的三角戀愛，拍成電影風靡一時。《旋風》經胡適推薦在港澳台以及東南亞華人讀者間相當流行，比較有深度，敍述北方一個鎮上幾戶人的悲慘生命，讓我讀了很震撼，深感中國舊式社會真是太糟糕了，非革命重來不可。魯迅和其他"左派"作家的書，當時在馬尼拉是看不到的。

正中書局出版的國文教科書好多了，白話文讀胡適、徐志摩、朱自清、許地山、夏丏尊等人的文章，文言文則讀莊子、孟子、唐宋八大家、周敦頤、朱熹等。有位遠房表姐常把白先勇和他幾位台大同學編的《現代文學》傳給我看，我們兩人萌生了到台灣讀書的念頭。也許因為中學的國文教科書比歷史教科書編得較好，我沒覺悟到自己在文與史之間興趣偏向史，報考了國文系。

在台灣那四年，包括在師範大學讀書的兩年，看了不少當代短篇小說——張愛玲、聶華玲、張秀亞——有些是報紙副刊上的，有些登載在同學間傳閱的《皇冠雜志》上。那時台灣英文讀物較少，我訂了一份《時代》雜誌，又常借宿舍裡英語系同學們的教科書看，易卜生的戲劇是那時候接觸的。一年級除了須上"國父思想"一課(讀孫中山的《三民主義》)外，還必修《四書》。我其實蠻喜歡《大學》和《論語》，當然不能跟同學說，怕他們笑我迂腐。教中國哲學史的張起鈞教授認了我做"幹女兒"，要我替他英譯一些關於道家的文章，我發現我也很喜歡《老子》。佛家的東西我卻讀來讀去都讀不懂。

在西雅圖華盛頓大學那兩年一晃就過了，主要是啃文學理論。在波士頓十六個年頭，起初做的工作很輕松，下班看了許多閑書，初次接觸心理學和社會學，讀了些當代美國小說和英譯的十九世紀俄國小說；看英國小說居多，覺得《中界鎮》(*Middlemarch*，中國大陸譯作《米德爾馬契》)比《驕傲與偏見》寫得更好，重讀了數次。我依舊對傳記情有獨鍾，看盧梭、亨利·亞當斯、納博科夫等人的自傳，每一本都像是個新的啟示，擴展了我的視野，讓我見到各種歷史潮流間的關聯，對人性有更深一層的理解。讀了《維多利亞名人傳》(*Eminent Victorians*)，領悟到傳記可以是這樣毫不忌諱地寫的，對我很有啟發，即使後來知道此書往往言過其實。

朗諾當時在哈佛研究所修中國文學，後來又留校執教。面對龐大的哈佛圖書館，我終於覺悟到應該看而值得看的書浩如煙海，連淺嘗一遍都不可能，只能啜幾口送到嘴邊。於是我撿他的教科書看，如費正清等編的東亞歷史等，也看朗諾以前在加州讀大學時白先勇介紹他買的書，如沈三白的《浮生六記》、林語堂的《吾國與吾民》、錢鍾書的《寫在人生邊上》和《圍城》。洪業是他博士論文的非正式導師，我1977至1980年每星期天下午帶了錄音機到家裡錄他的回憶，一邊讀和他有關的人物傳記。這是我平生第一次比較有系統地讀書。

我在波士頓本來找不到合適的工作，決定再取個企管碩士，從事金融，就沒時間看閑書了，只每星期翻翻《紐約客》，主要看漫畫、書評和影評；香港的《明報月刊》倒是差不多每篇文章都看，因它是我當時唯一的中文讀物。朗諾1995年有個學期不必教書，我請了幾個月的假和朗諾到南京大學，授課的是我而不是他。當時上海證券市場復業不久，我在商學院開了一門課教證券分析，後來把講義編成《證券市場入門》。沒幾年後我路過南京，到南大出版社書店找不到此書，問售貨員，售貨員大聲喊叫說：「過時咯，過時咯！」回想起來我們在南京那幾個月最大的收獲就是習慣了看簡體字。

我提早退休目的之一是希望有時間多看些閑書。朗諾到了加州大學聖塔芭芭拉校區執教，本來是他老師的白先勇成了他的同事，也成了我的朋友。他介紹我看鄭念的《上海生與死》、巫甯坤的《一滴淚》、李志綏的《毛澤東私人醫生回憶錄》、張幼儀孫侄女寫的《小腳與西服》和董竹君的《我的一個世紀》等，他自己的書我当然都看了。朗諾另一位同事徐振銓介紹我看章詒和的《往事并不如煙》。朗諾的父親知道我喜欢看傳記，圣诞節总送我一两本新出爐的，我觉得奧巴馬總統年輕時寫的自傳《来自我父亲的夢》(*Dreams from My Father*)很不错。 約翰·厄普代克以写小說聞名，我却最愛他两本讲繪畫的《看》(*Looking*)和《仍在看》(*Still Looking*)，讲他对数十位美國藝術家的作品的感受，并介紹他們創作的背景。徐振銓还介紹我看王安憶的《長恨歌》，沒想到不久白睿文——也是朗諾在加州大学的同事——和我一起把它英譯了。这回我不得不逐字逐句地看小說，很受益。

2001至2002年朗諾在香港城市大學做訪問教授，当時鄭培凱主持城大的中國文化中心，張隆溪在中文系又辦了幾個國際會議，校長張信剛也常辦文化晚會，一時學者雲集，來了劉再復、李澤厚、朱維錚、周振鶴、葛兆光等，盛況非常；白先勇路过香港介紹我们和劉紹銘与李歐梵相见，我就特別注意這些人的文章。周質平那一年恰巧也正在該校訪問，他邀我和他合作用英文撰寫胡適與韋蓮司的情史，我便又較有系統地看和他們兩人有關的人物傳記。

現在真老了，書讀了一兩章眼就昏花，熒幕上看更糟，所以每天在網上主要看新聞標題。《上海書評》卻取代了《明報月刊》成爲我的中文精神食糧。訂的雜誌只剩下《紐約客》和《經濟學人》。也許是多年養成的職業習慣吧，《經濟學人》相當認真地看，通常從最後一頁看起，因每期最後一頁是篇"蓋棺論"，大多關於剛去世的聞人，但如果沒有名人逝世則可能是個間諜、木匠、美食家等，往往寫得令人莞爾。此外，我現在的讀物主要是朋友們寫的東西。

我最近在網上看白先勇在台灣大學講解《紅樓夢》，點亮了許多以前對我是隱晦的喻意和細節。白先勇說賈寶玉的癡，很像俄人陀思妥耶夫斯基筆下的癡人(英譯爲The Idiot)，那個癡人象征耶穌，和俗世不入；賈寶玉倒很像釋迦牟尼，享盡世間繁華富貴後徹悟萬事皆空。他又分析曹雪芹如何處理人物的出場：王熙鳳還沒現身，先聽到她囂張的聲音，就像京戲裡蘇三起解在台後先叫一聲"苦呀！"剛到賈府被其氣派懾住的林黛玉反應是："這些人個個皆斂聲屏氣，恭肅嚴整如此，這來者是誰，這樣放誕無禮。"王熙鳳在劉姥姥這鄉下窮親戚的眼中，則是個裝腔作勢的人，她接到救濟金馬上說穿了："你老拔根毛，比我們的腰還粗呢。"曹雪芹讓我們從各種人的視角看鳳姐，把她放在各種場景裡讓她自己表演，這是中國小說裡以前沒有的，也是西方小說後來才有的。這次重讀《紅樓夢》令我領悟到——就文字和敘事方式而言——此書對我的影響最大。年少時雖只匆匆地看，卻已深植在我心胸中。不但如此，《紅樓夢》還從他人寫的東西間接地不斷影響我。因自十八世紀此書出現以來，大凡用白話文寫的敘述都有它的影子。

我想：人最基本的衝動是要生存，在現代的社會裡就是說要有個可以謀生的職業或賺錢的方法。其次是理解四周的環境，再其次是能得到他人的肯定；而每個人基於自身的性情稟賦和客觀條件，建構了一套最適宜他理解四周環境的方法；若特別幸運的話，這方法也讓他得以謀生，也讓他感到受肯定。對有些人來說這是數字，他們可以把各種現象化成數字解釋事情為何如此發展，幸運的成了數學家或統計師。對有些人來說這是錢，覺得錢可以解釋一切，幸運的話成為商人或會計師。對有些人來說這是權力，幸運的話管治一族、一個企業或一個國家。我最近寫了一篇文章介紹趙如蘭，說音樂是她探索她所處的複雜環境的管道。對我自己來說，這是文字，我成了個書迷！

　　我並不出身於書香門第，小時家裡沒有幾本書，但文字資訊豐富，可以說是太豐富了。我想：要是我身體比較健壯，放學回家感到沈悶就會出去亂跑。若我生長在一個封閉的社會，或者說我父母輩不識字，就沒有那麼多報紙雜志看。正因為文字資訊太豐富了，覺得有迫切感必須加以整合，理出些脈絡來，慢慢摸索到最便捷的途徑是跟蹤或重構某人的經歷，也就是說讀傳記或寫傳記；換了別人也許就會寫小說、辦雜志、編歷史、作新聞記者或成為文學理論家。結果我讀了很多傳記，雖然無緣靠寫傳記謀生，卻有機會用文字重構了好幾個人的生命歷程，由此增進我對四周環境的理解，而且這些書和文章居然得到不少讀者的共鳴和肯定，真是太幸運了！

（原刊於《澎湃新聞・私家歷史》2015 年 2 月 8 日）